Renate & Uwe H. Sültz

Bücher von A bis Z

AF867780

Schmerztagebuch

Sültz Bücher

BoD - Books on Demand

Norderstedt 2020

Bibliografische Information durch die Deutsche Nationalbibliothek

Die Deutsche Nationalbibliothek verzeichnet diese Publikation in der Deutschen Nationalbibliografie; detaillierte bibliografische Daten sind im Internet über http://dnb.dnb.de abrufbar.

Ziel eines Schmerztagebuchs ist es, Schmerzen zu dokumentieren. Wann habe ich Schmerzen, wo habe ich Schmerzen, wie lange und wie stark sind die Schmerzen. So ermöglichen Sie Ihrem Arzt eine Schmerzübersicht und helfen bei einer Beurteilung, um evtl. eine Schmerzbehandlung einzuleiten. Weiterhin lassen sich wichtige Informationen notieren. Welche Medikamente werden eingenommen, wer ist mein Hausarzt. Tragen Sie ruhig auch allgemeine Informationen ein, etwas über Ihren Schlaf, den Stuhlgang und Ihr Wohlbefinden. Dieses Schmerztagebuch ist extra groß, bestimmt ohne Lesebrille auszufüllen und hat Platz für ein halbes Jahr Protokolle.

Eine gute Gesundheit wünschen

Renate Sültz & Uwe H. Sültz

© 2020 Renate Sültz & Uwe H. Sültz

Herstellung und Verlag: BoD – Books on Demand, Norderstedt

ISBN 9-78375-0-43641-1

Mein Schmerztagebuch

Mein Name:

Mein Hausarzt:

Meine Medikamente:

Wichtige Informationen:

Beispiel:

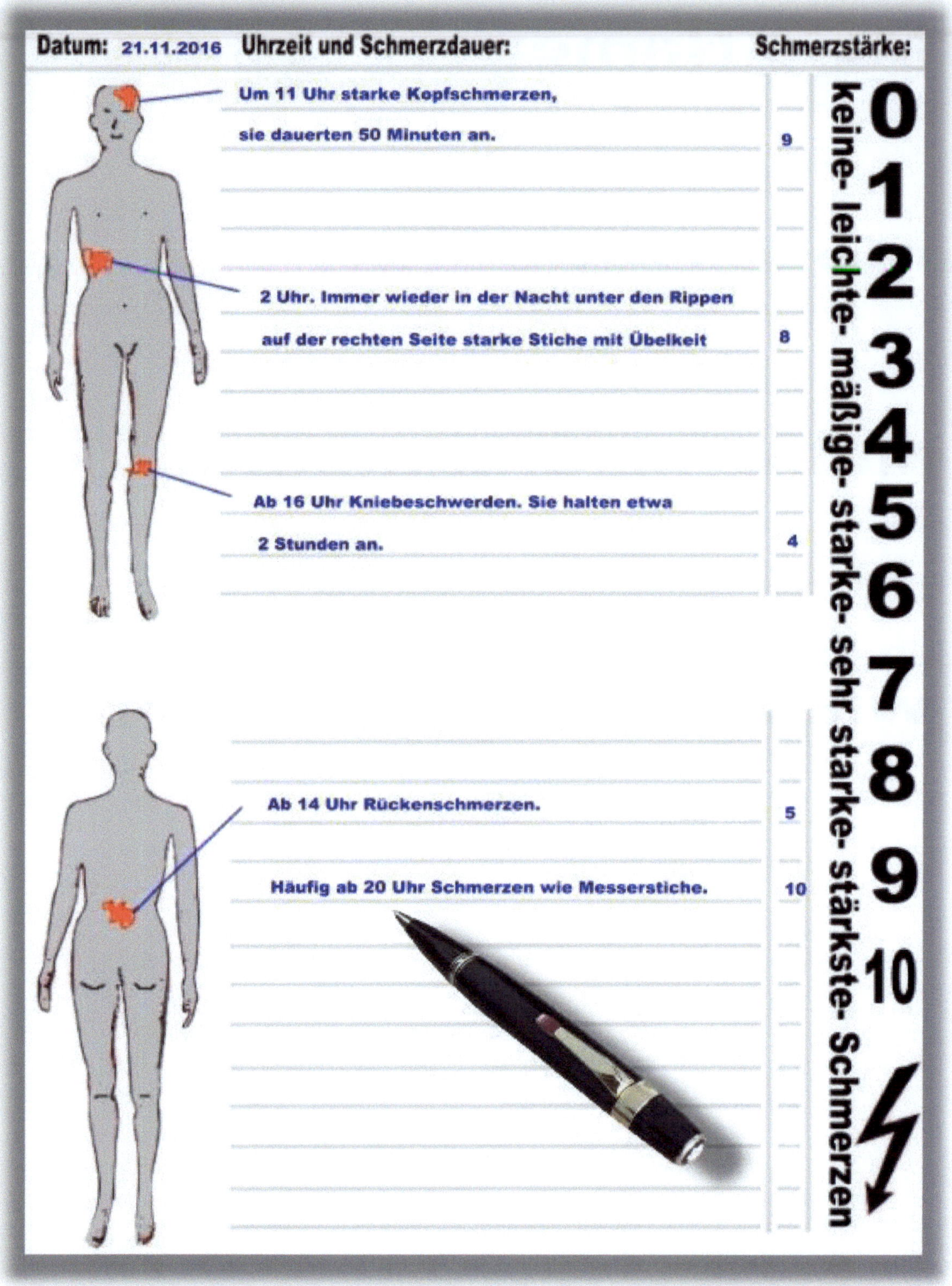

Datum: 21.11.2016 **Uhrzeit und Schmerzdauer:** **Schmerzstärke:**

Uhrzeit und Schmerzdauer	Schmerzstärke
Um 11 Uhr starke Kopfschmerzen, sie dauerten 50 Minuten an.	9
2 Uhr. Immer wieder in der Nacht unter den Rippen auf der rechten Seite starke Stiche mit Übelkeit	8
Ab 16 Uhr Kniebeschwerden. Sie halten etwa 2 Stunden an.	4
Ab 14 Uhr Rückenschmerzen.	5
Häufig ab 20 Uhr Schmerzen wie Messerstiche.	10

0 1 2 3 4 5 6 7 8 9 10

keine- leichte- mäßige- starke- sehr starke- stärkste- Schmerzen

Beispiel für Kopfschmerzen

Eintragungen im letzten Drittel

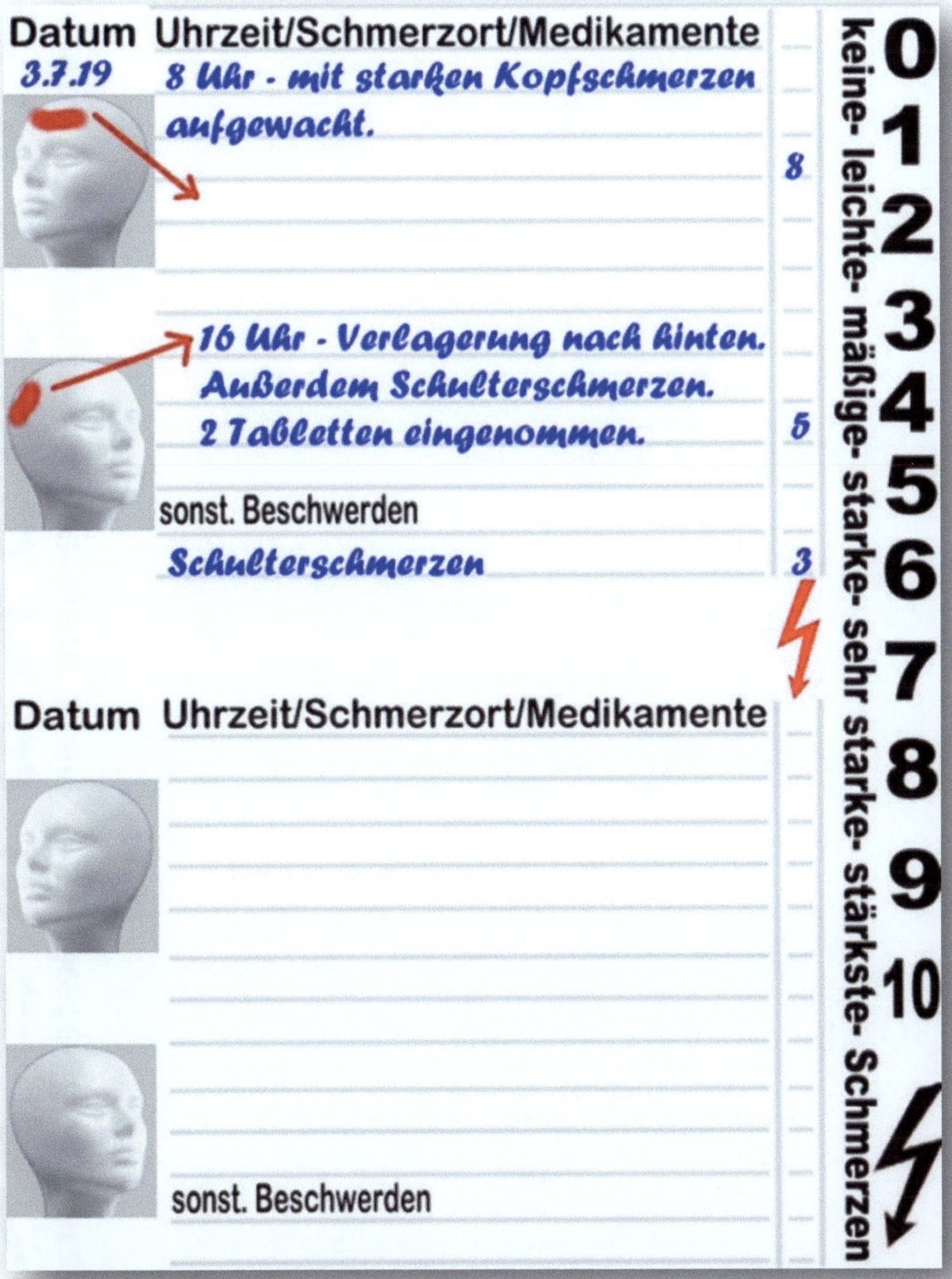

Datum | Uhrzeit/Schmerzort/Medikamente

3.7.19 | 8 Uhr - mit starken Kopfschmerzen aufgewacht. | 8

16 Uhr - Verlagerung nach hinten. Außerdem Schulterschmerzen. 2 Tabletten eingenommen. | 5

sonst. Beschwerden

Schulterschmerzen | 3

Datum | Uhrzeit/Schmerzort/Medikamente

sonst. Beschwerden

0 1 2 3 4 5 6 7 8 9 10

keine- leichte- mäßige- starke- sehr starke- stärkste- Schmerzen

Datum: **Uhrzeit und Schmerzdauer:** **Schmerzstärke:**

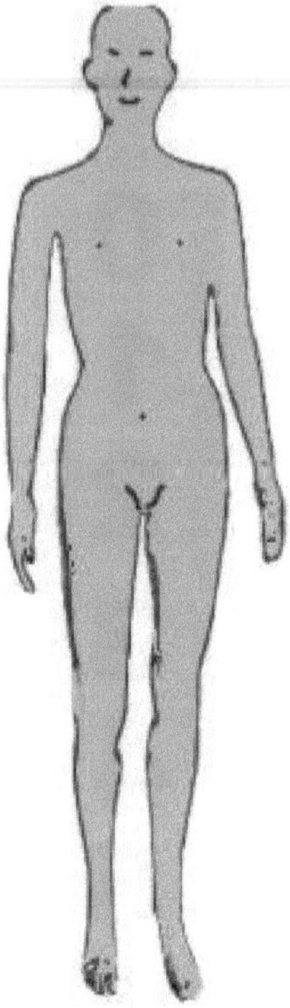

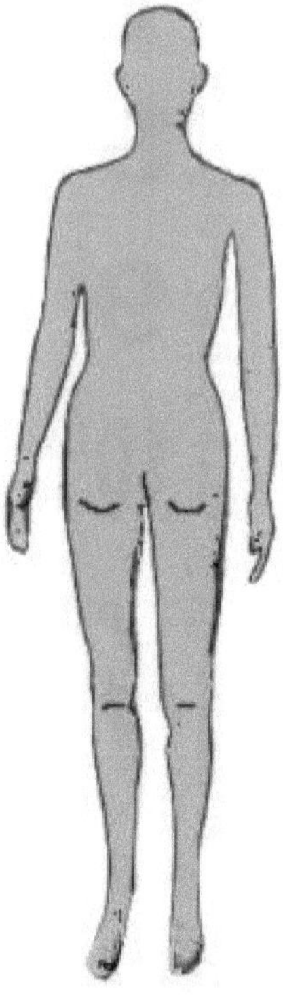

0 1 2 3 4 5 6 7 8 9 10

keine- leichte- mäßige- starke- sehr starke- stärkste- Schmerzen

Datum: **Uhrzeit und Schmerzdauer:** **Schmerzstärke:**

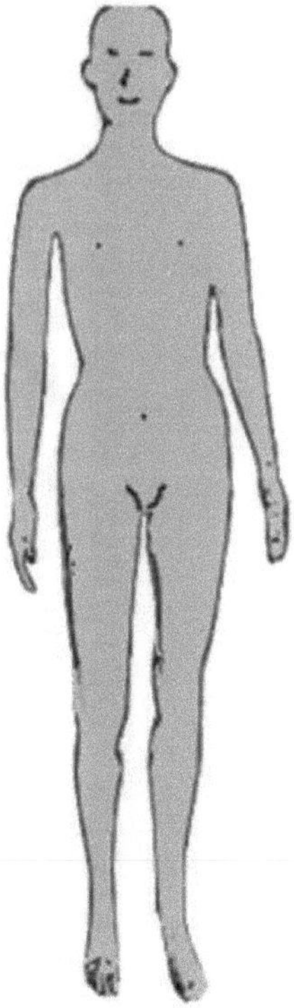

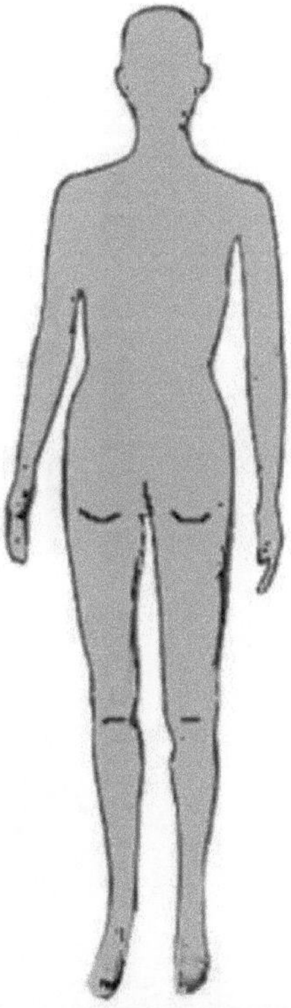

0 keine-
1
2 leichte-
3
4 mäßige-
5
6 starke-
7 sehr
8 starke-
9 stärkste-
10
Schmerzen

Datum: **Uhrzeit und Schmerzdauer:** **Schmerzstärke:**

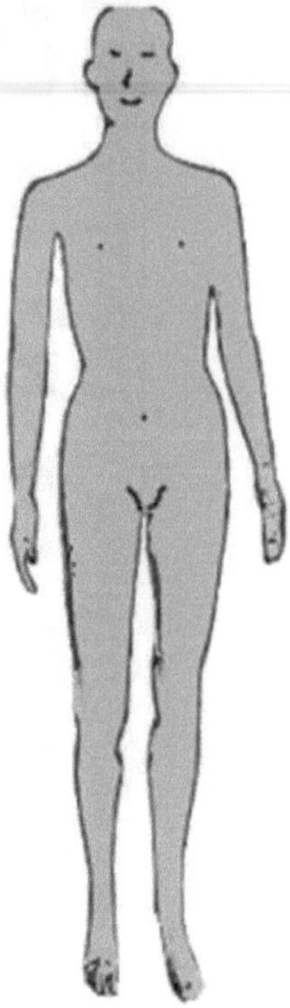

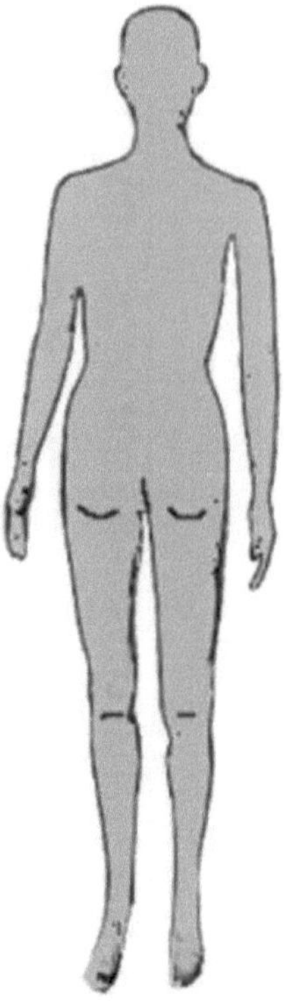

0 1 2 3 4 5 6 7 8 9 10

keine- leichte- mäßige- starke- sehr starke- stärkste- Schmerzen

Datum: **Uhrzeit und Schmerzdauer:** **Schmerzstärke:**

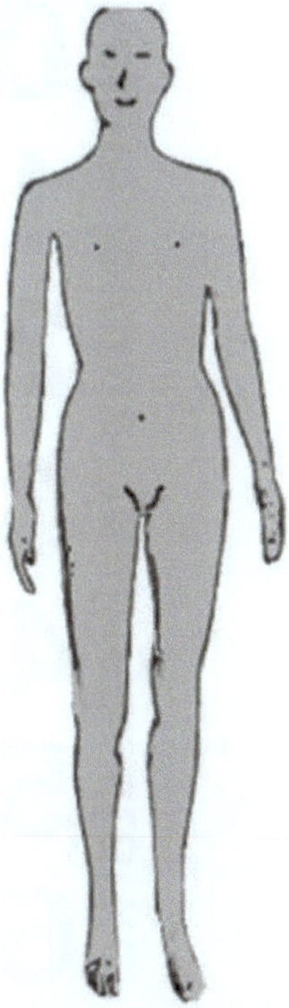

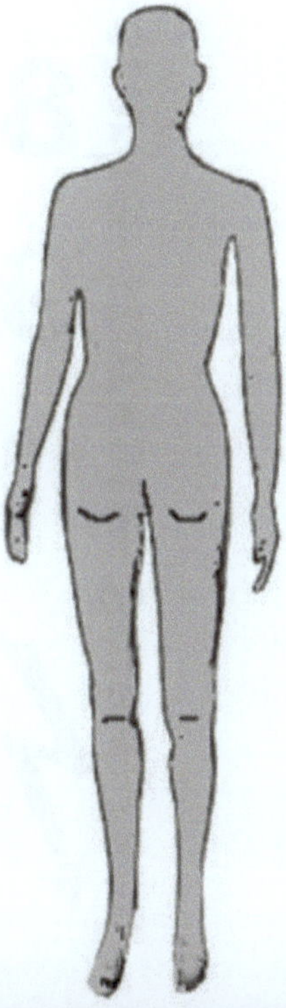

0 1 2 3 4 5 6 7 8 9 10

keine- leichte- mäßige- starke- sehr starke- stärkste- Schmerzen

Datum: **Uhrzeit und Schmerzdauer:** **Schmerzstärke:**

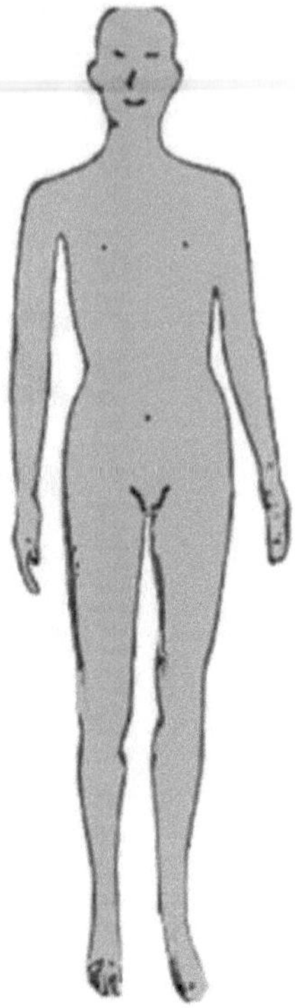

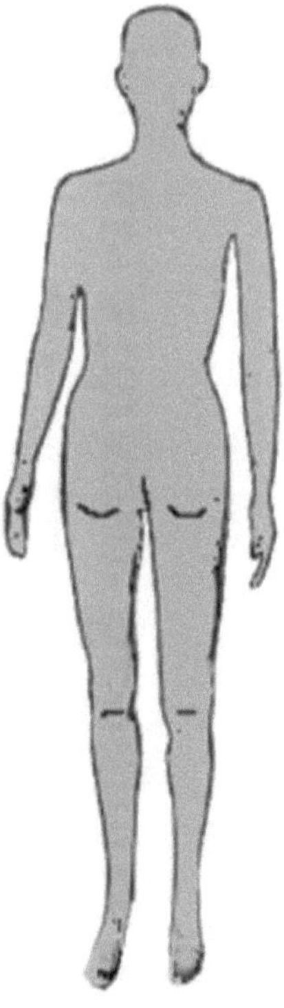

0 1 2 3 4 5 6 7 8 9 10

keine- leichte- mäßige- starke- sehr stärke- stärkste- Schmerzen

Datum: **Uhrzeit und Schmerzdauer:** **Schmerzstärke:**

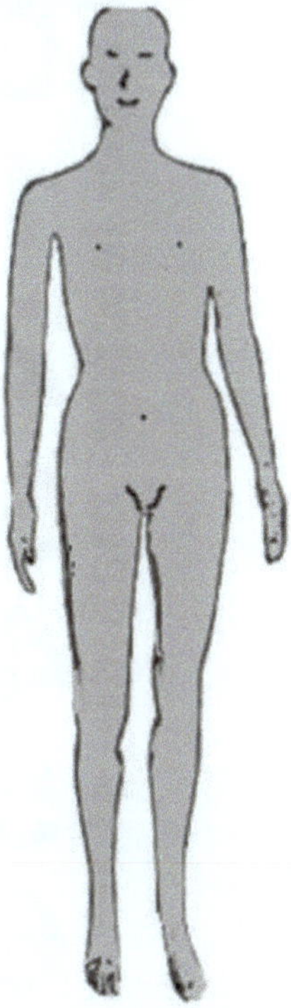

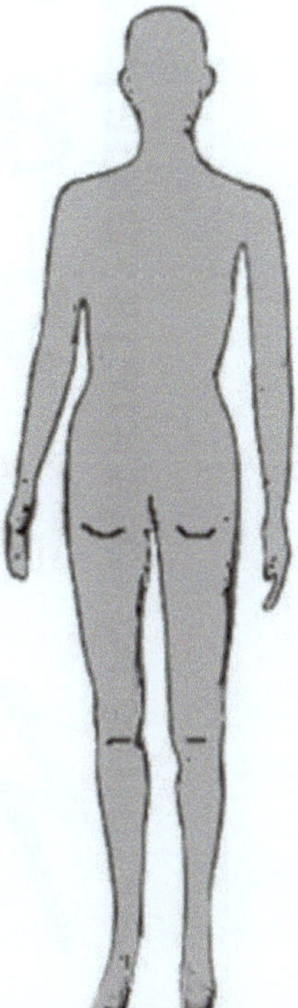

0 1 2 3 4 5 6 7 8 9 10

keine- leichte- mäßige- starke- sehr starke- stärkste- Schmerzen

Datum:	Uhrzeit und Schmerzdauer:	Schmerzstärke:

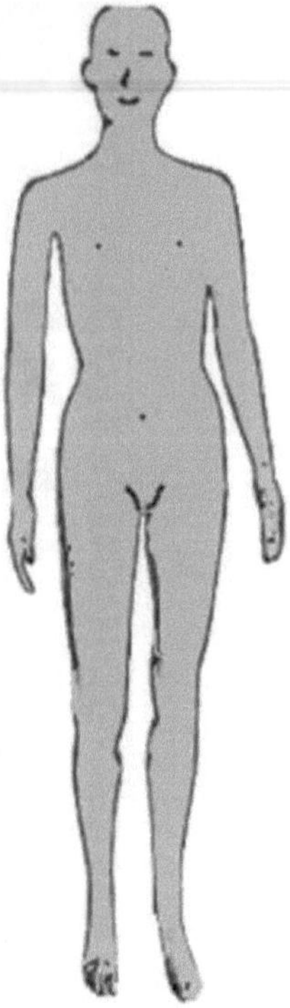

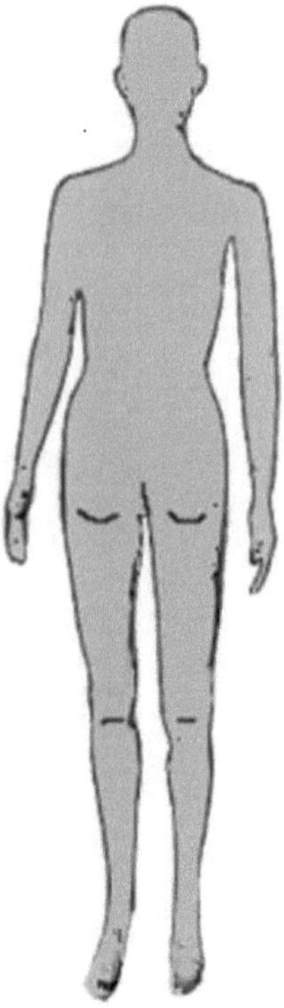

0 1 2 3 4 5 6 7 8 9 10

keine- leichte- mäßige- starke- sehr starke- stärkste- Schmerzen

Datum: **Uhrzeit und Schmerzdauer:** **Schmerzstärke:**

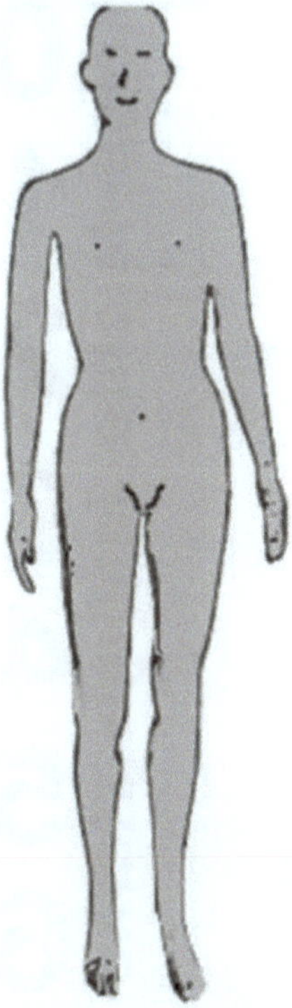

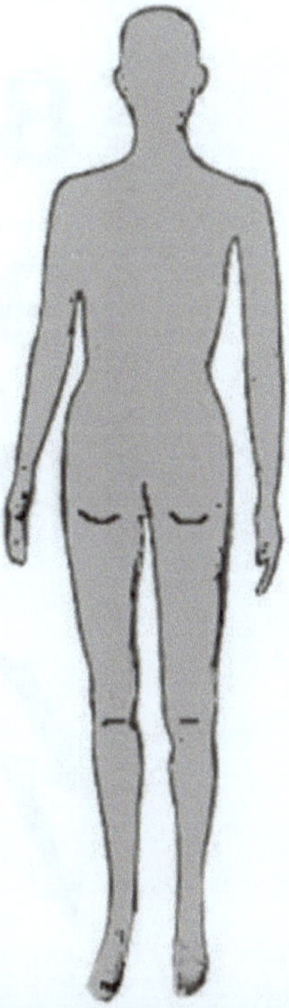

0 1 2 3 4 5 6 7 8 9 10

keine- leichte- mäßige- starke- sehr starke- stärkste- Schmerzen

Datum: **Uhrzeit und Schmerzdauer:** **Schmerzstärke:**

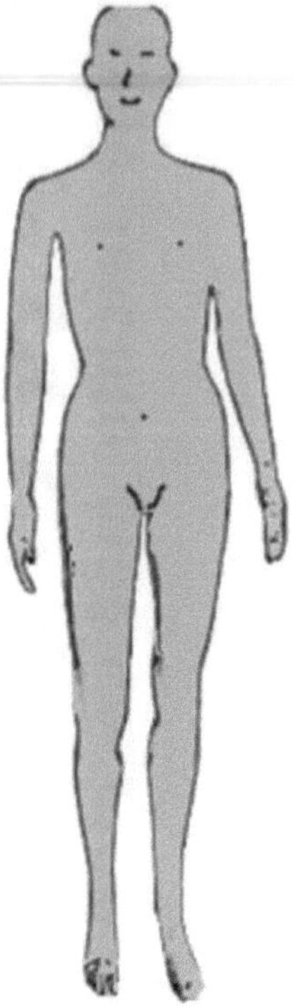

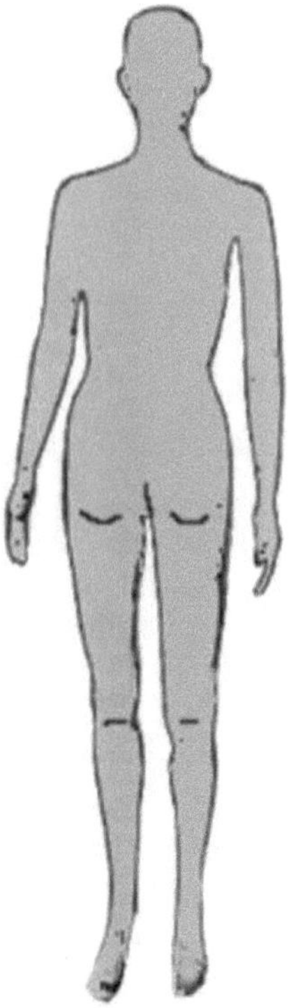

0 keine-
1
2 leichte-
3 mäßige-
4
5 starke-
6
7 sehr starke-
8
9 stärkste-
10 Schmerzen

Datum: **Uhrzeit und Schmerzdauer:** **Schmerzstärke:**

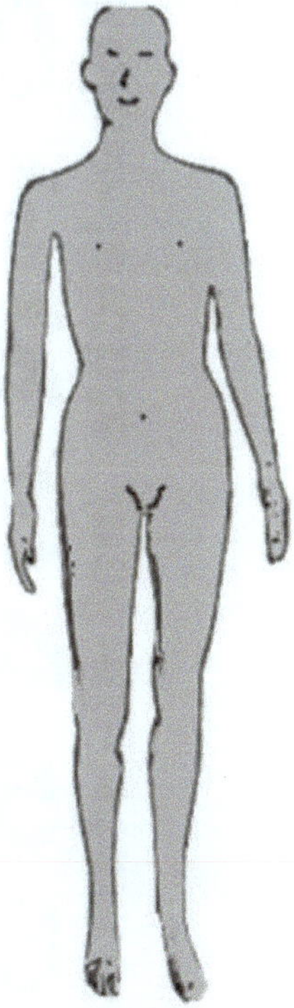

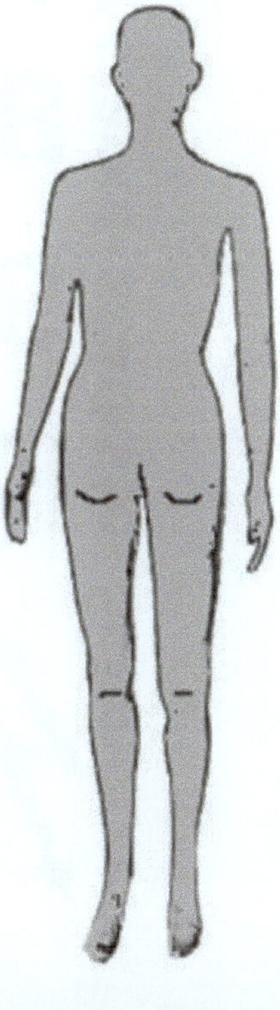

0 1 2 3 4 5 6 7 8 9 10

keine- leichte- mäßige- starke- sehr starke- stärkste- Schmerzen

Datum: **Uhrzeit und Schmerzdauer:** **Schmerzstärke:**

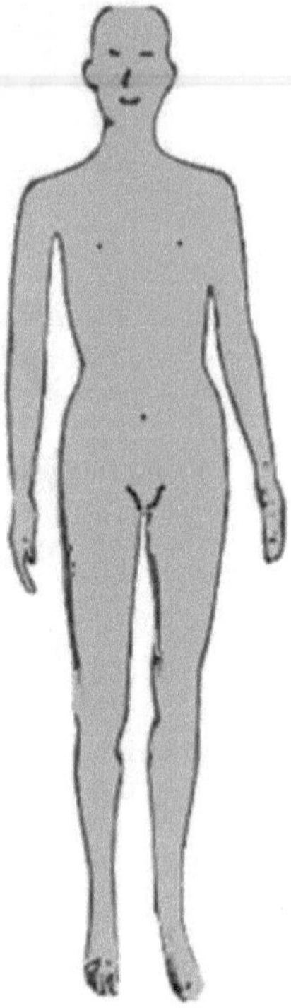

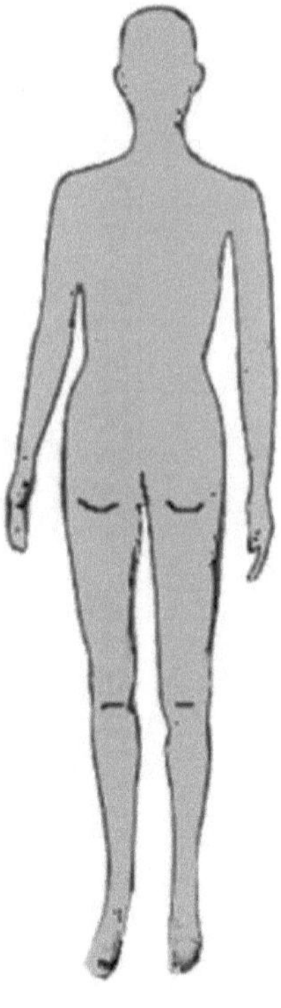

0 1 2 3 4 5 6 7 8 9 10

keine- leichte- mäßige- starke- sehr starke- stärkste- Schmerzen

Datum: **Uhrzeit und Schmerzdauer:** **Schmerzstärke:**

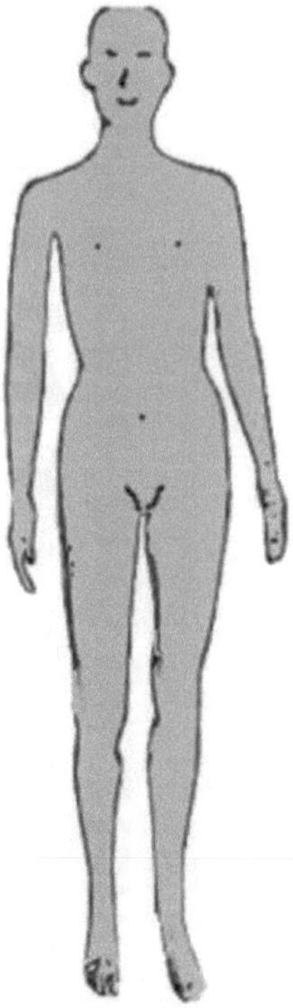

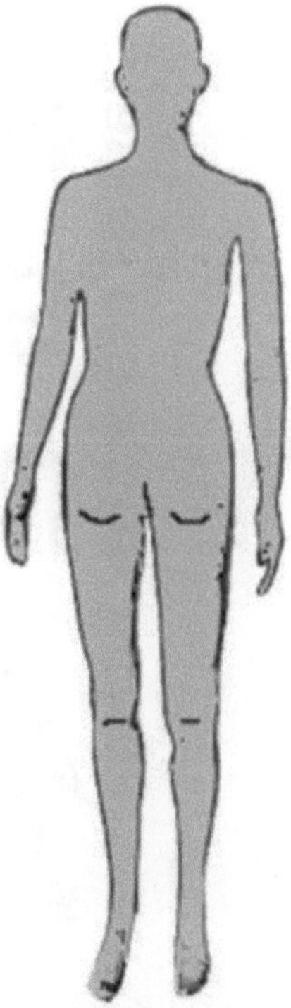

0 1 2 3 4 5 6 7 8 9 10

keine- leichte- mäßige- starke- sehr starke- stärkste- Schmerzen

Datum:	Uhrzeit und Schmerzdauer:	Schmerzstärke:

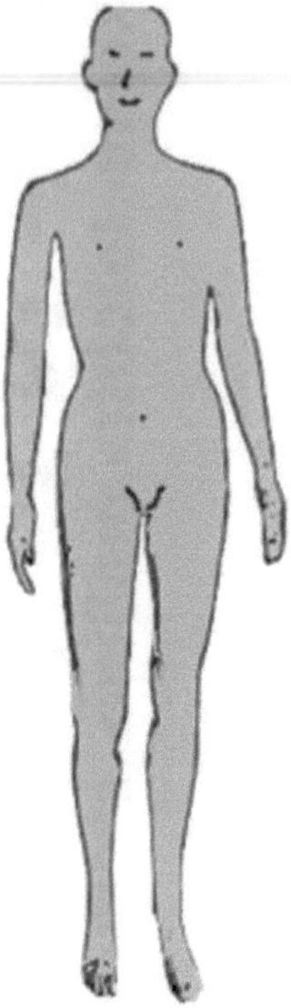

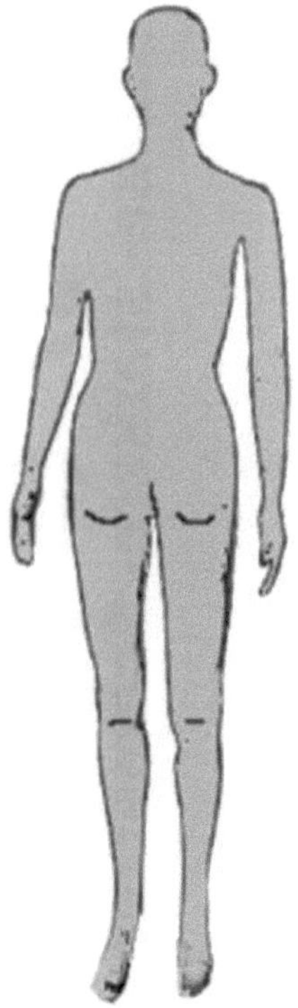

0 1 2 3 4 5 6 7 8 9 10

keine- leichte- mäßige- starke- sehr starke- stärkste- Schmerzen

Datum: **Uhrzeit und Schmerzdauer:** **Schmerzstärke:**

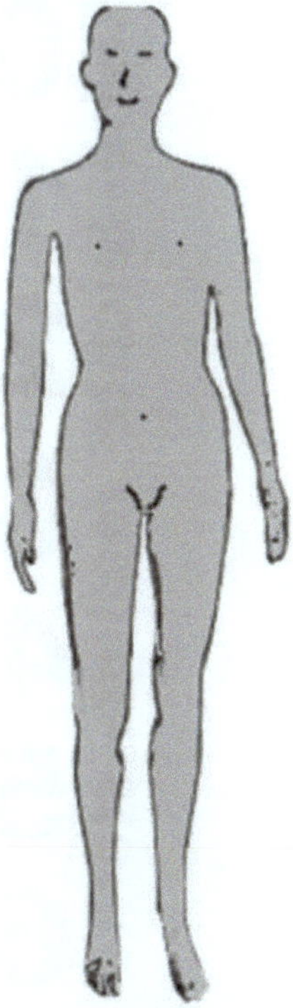

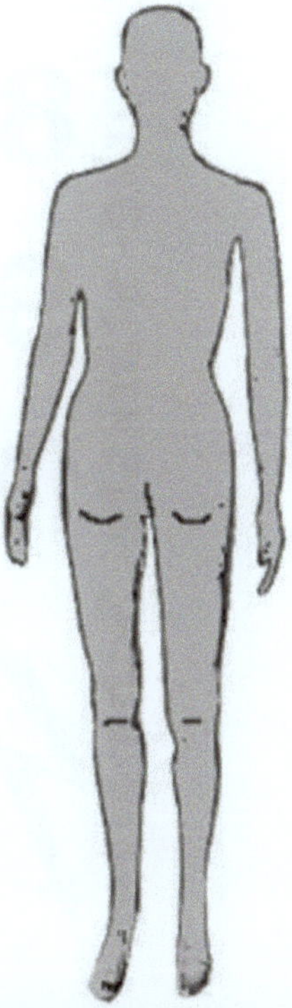

0 1 2 3 4 5 6 7 8 9 10

keine- leichte- mäßige- starke- sehr starke- stärkste- Schmerzen

Datum:	Uhrzeit und Schmerzdauer:	Schmerzstärke:

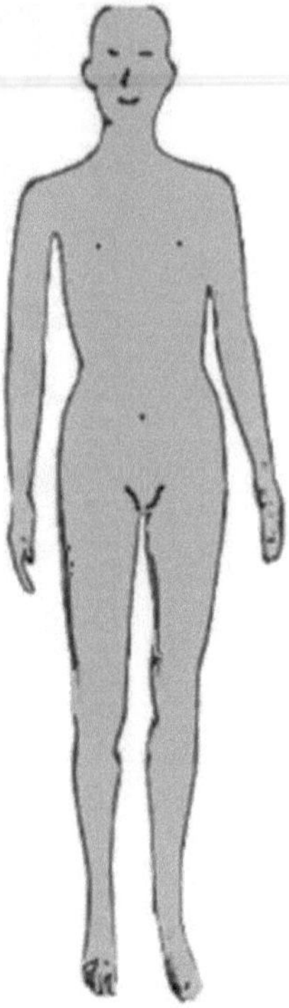

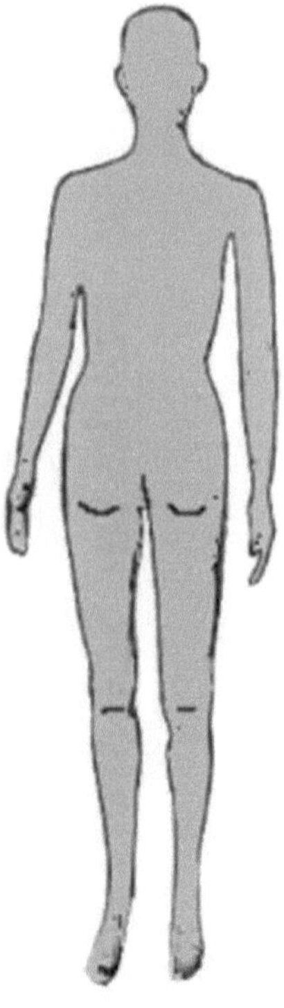

0 1 2 3 4 5 6 7 8 9 10

keine- leichte- mäßige- starke- sehr starke- stärkste- Schmerzen

Datum: **Uhrzeit und Schmerzdauer:** **Schmerzstärke:**

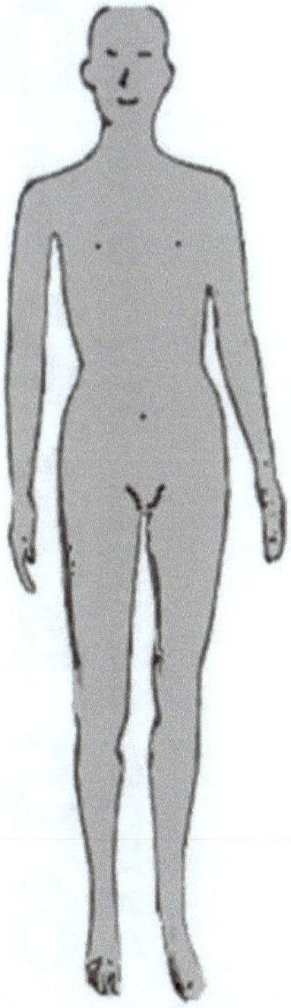

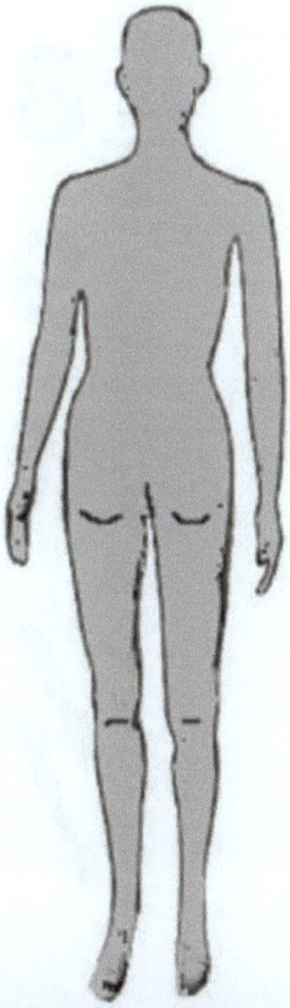

0 1 2 3 4 5 6 7 8 9 10

keine- leichte- mäßige- starke- sehr starke- stärkste- Schmerzen

Datum: **Uhrzeit und Schmerzdauer:** **Schmerzstärke:**

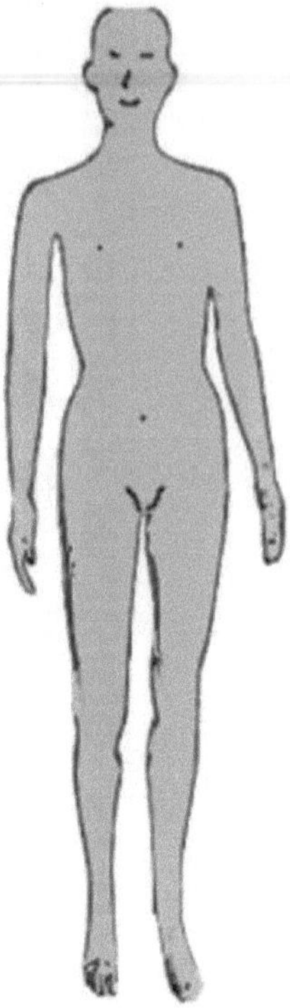

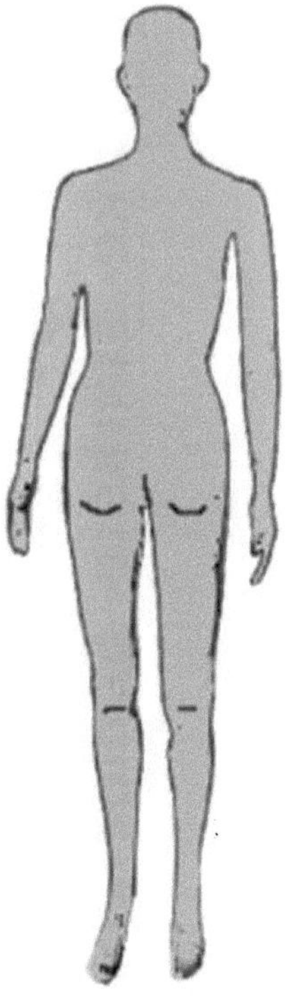

0 1 2 3 4 5 6 7 8 9 10

keine- leichte- mäßige- starke- sehr starke- stärkste- Schmerzen

Datum:	Uhrzeit und Schmerzdauer:	Schmerzstärke:

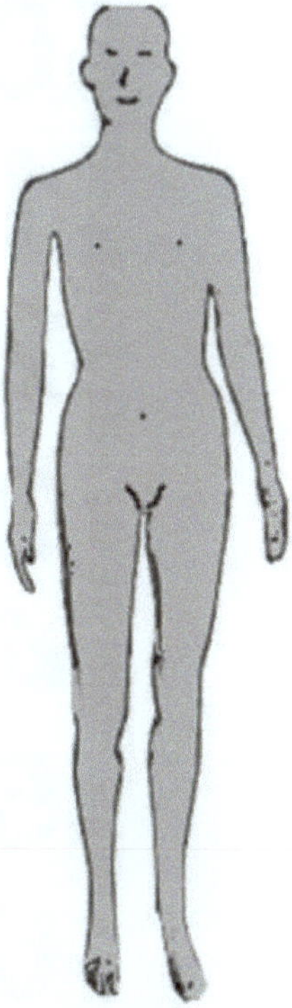

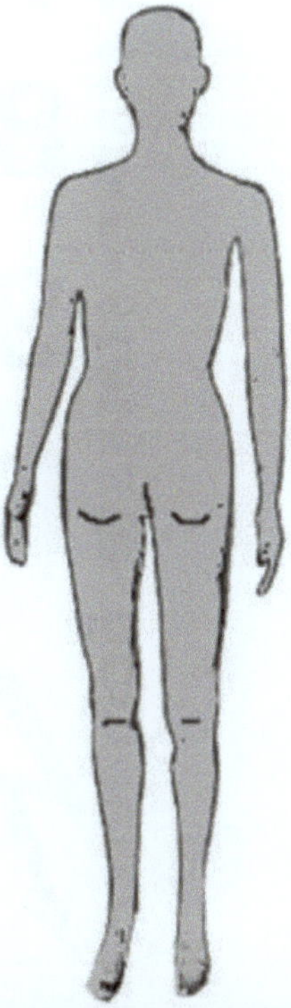

0 1 2 3 4 5 6 7 8 9 10

keine- leichte- mäßige- starke- sehr starke- stärkste- Schmerzen

Datum: **Uhrzeit und Schmerzdauer:** **Schmerzstärke:**

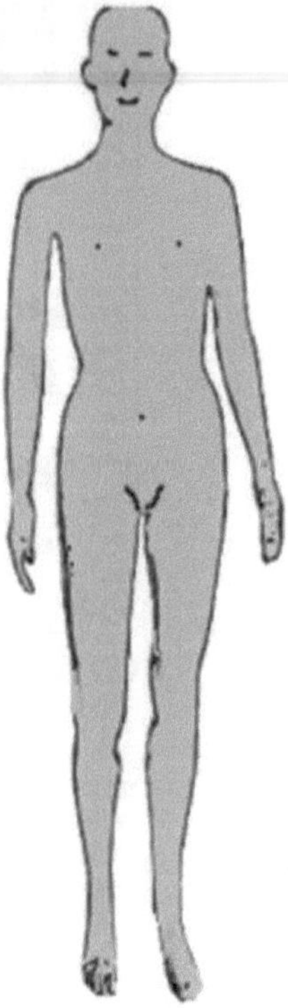

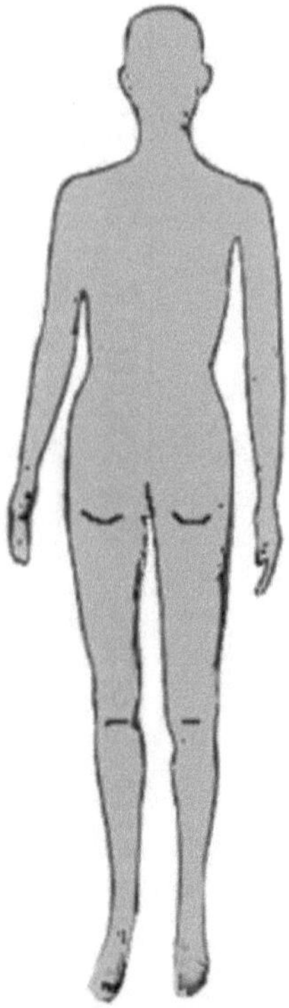

0 1 2 3 4 5 6 7 8 9 10

keine- leichte- mäßige- stärke- sehr stärke- stärkste- Schmerzen

Datum: **Uhrzeit und Schmerzdauer:** **Schmerzstärke:**

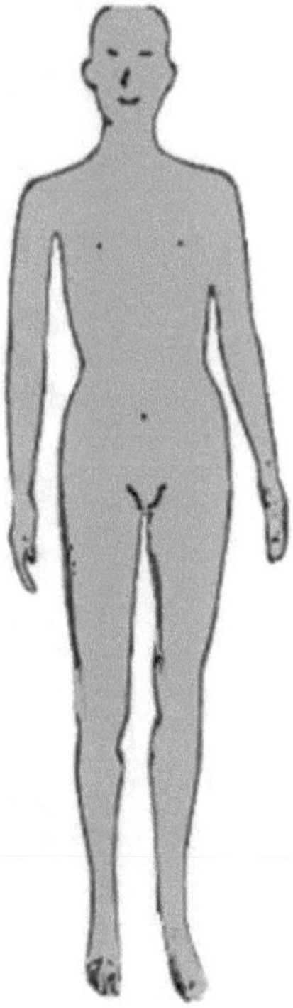

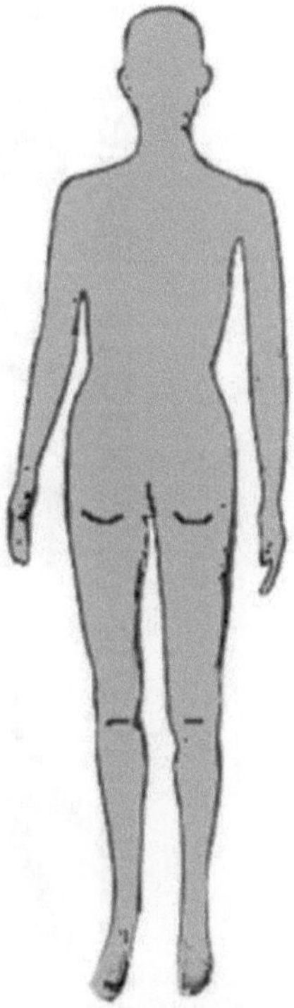

0 1 2 3 4 5 6 7 8 9 10

keine- leichte- mäßige- starke- sehr starke- stärkste- Schmerzen

Datum: **Uhrzeit und Schmerzdauer:** **Schmerzstärke:**

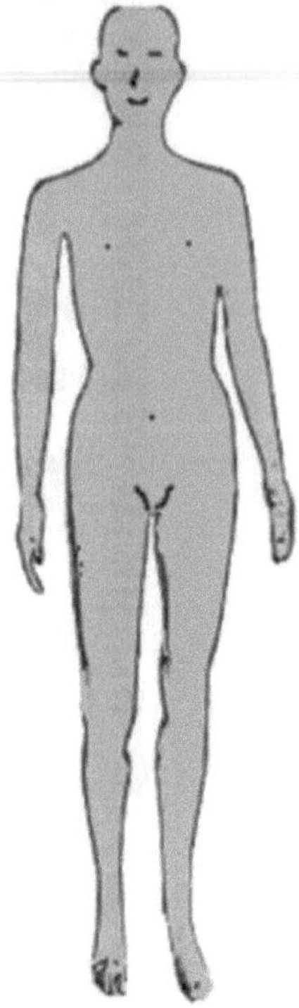

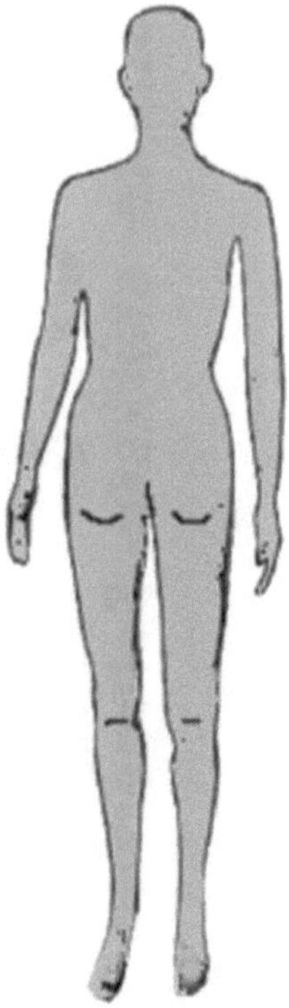

0 1 2 3 4 5 6 7 8 9 10

keine- leichte- mäßige- starke- sehr starke- stärkste- Schmerzen

Datum: **Uhrzeit und Schmerzdauer:** **Schmerzstärke:**

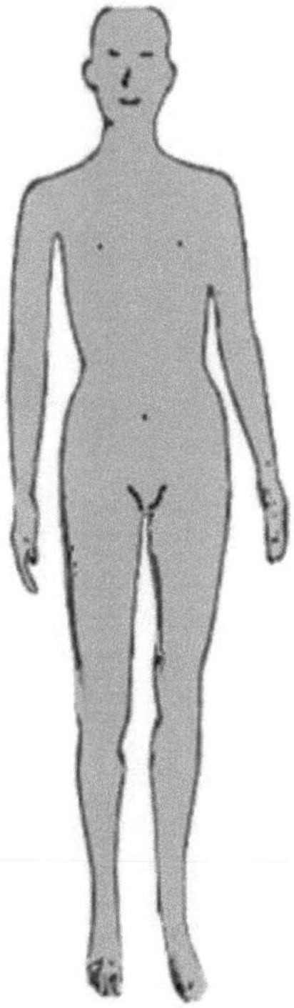

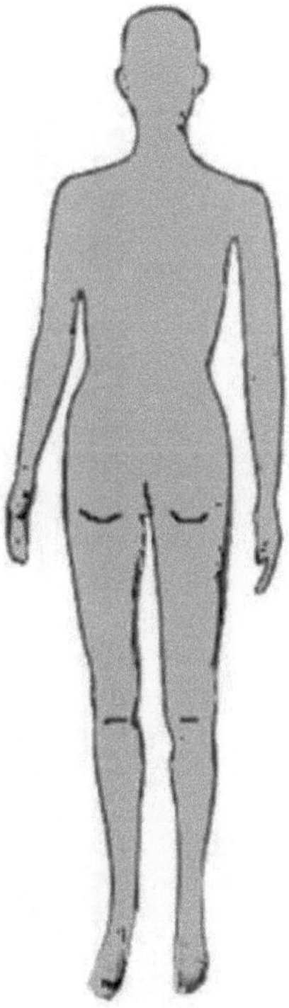

0 1 2 3 4 5 6 7 8 9 10

keine- leichte- mäßige- starke- sehr starke- stärkste- Schmerzen

Datum:	Uhrzeit und Schmerzdauer:	Schmerzstärke:

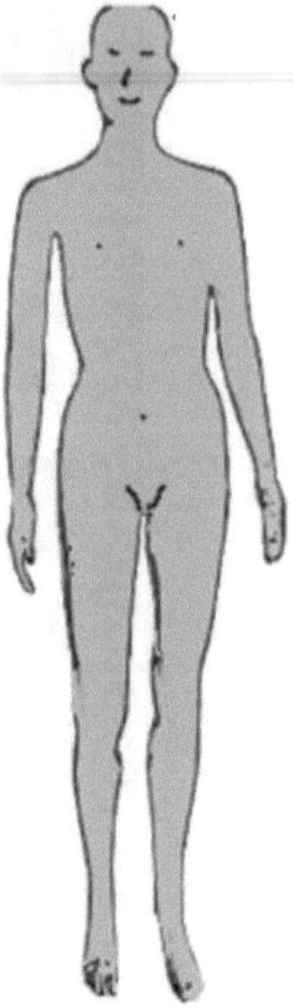

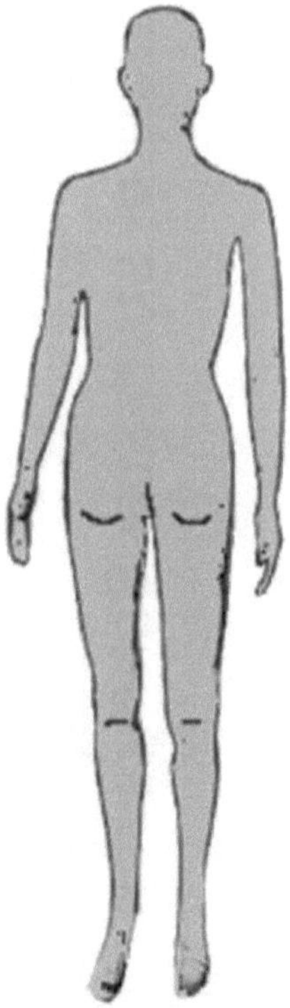

0 1 2 3 4 5 6 7 8 9 10

keine- leichte- mäßige- starke- sehr starke- stärkste- Schmerzen

Datum:	Uhrzeit und Schmerzdauer:	Schmerzstärke:

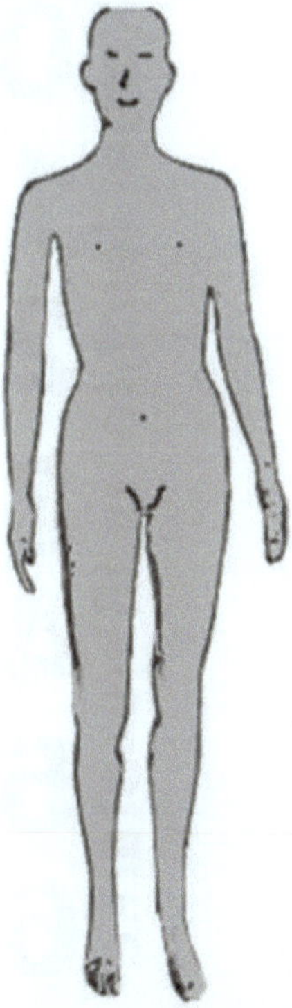

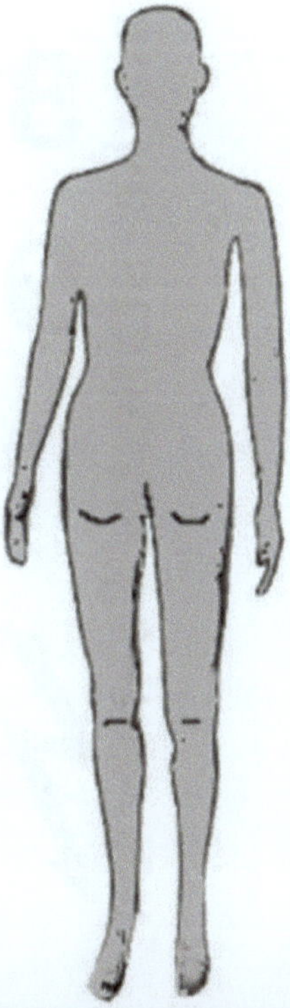

0 1 2 3 4 5 6 7 8 9 10

keine- leichte- mäßige- stärke- sehr stärke- stärkste- Schmerzen

Datum: **Uhrzeit und Schmerzdauer:** **Schmerzstärke:**

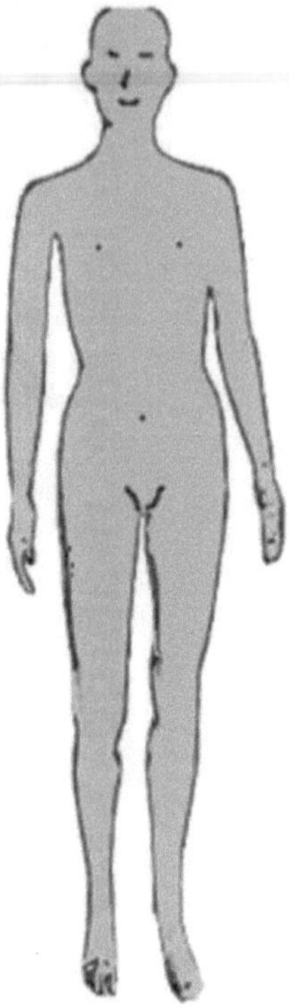

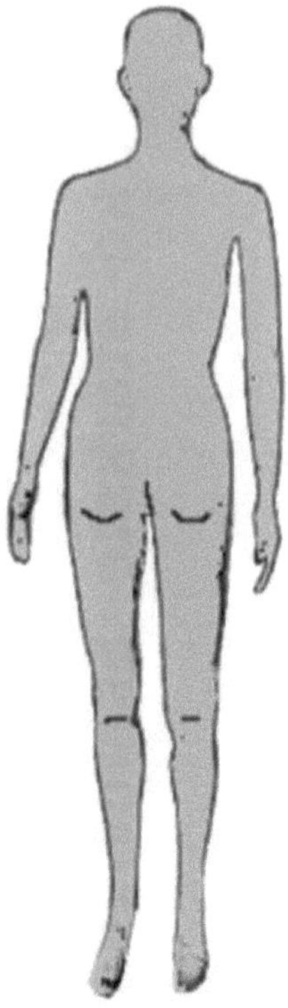

0 1 2 3 4 5 6 7 8 9 10

keine- leichte- mäßige- starke- sehr starke- stärkste- Schmerzen

Datum: **Uhrzeit und Schmerzdauer:** **Schmerzstärke:**

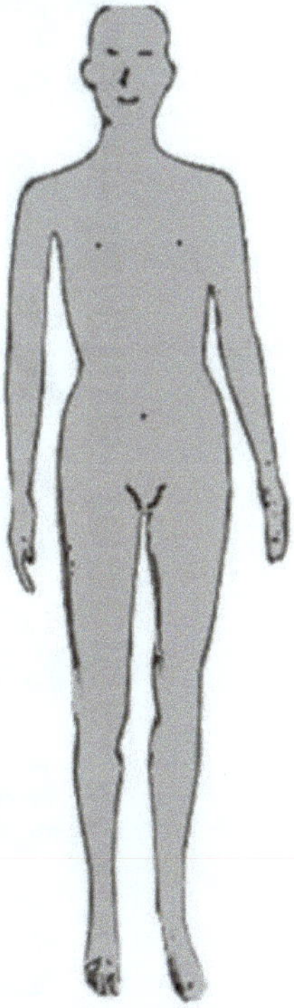

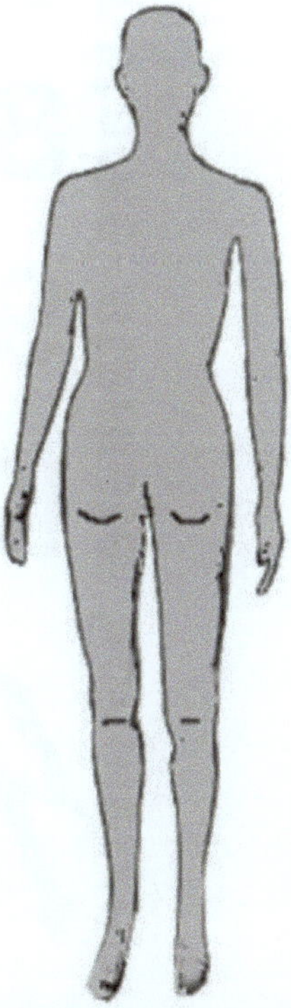

0 1 2 3 4 5 6 7 8 9 10

keine- leichte- mäßige- starke- sehr starke- stärkste- Schmerzen

Datum: **Uhrzeit und Schmerzdauer:** **Schmerzstärke:**

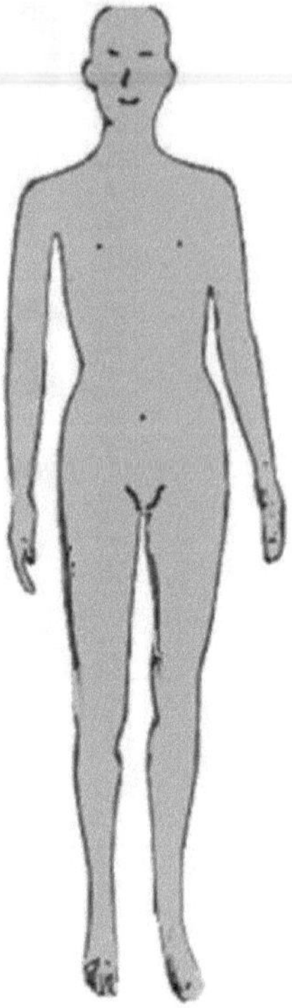

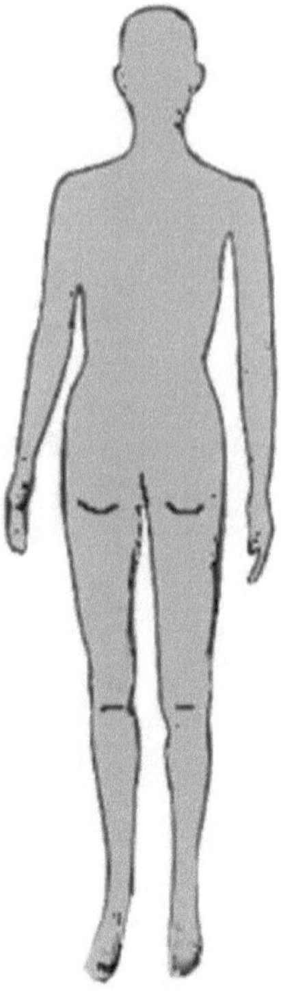

0 1 2 3 4 5 6 7 8 9 10

keine- leichte- mäßige- starke- sehr starke- stärkste- Schmerzen

Datum:	Uhrzeit und Schmerzdauer:	Schmerzstärke:

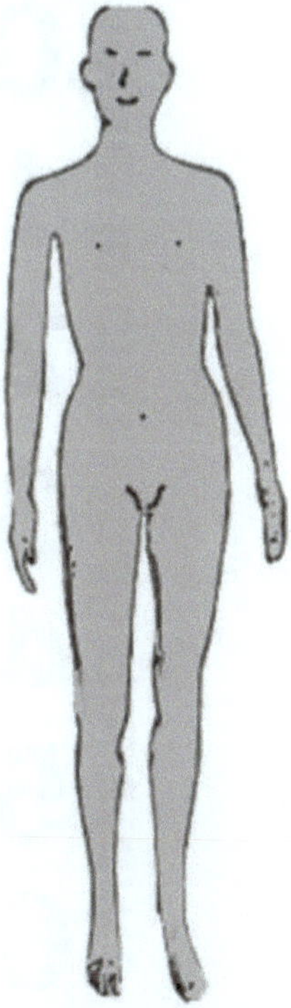

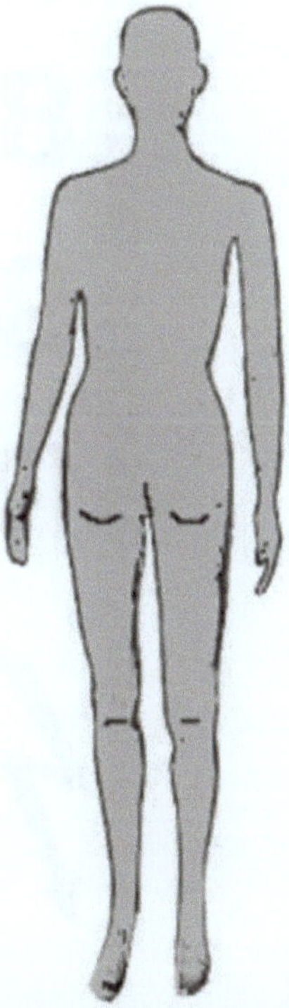

0 1 2 3 4 5 6 7 8 9 10

keine- leichte- mäßige- stärke- sehr stärke- stärkste- Schmerzen

Datum:	Uhrzeit und Schmerzdauer:	Schmerzstärke:

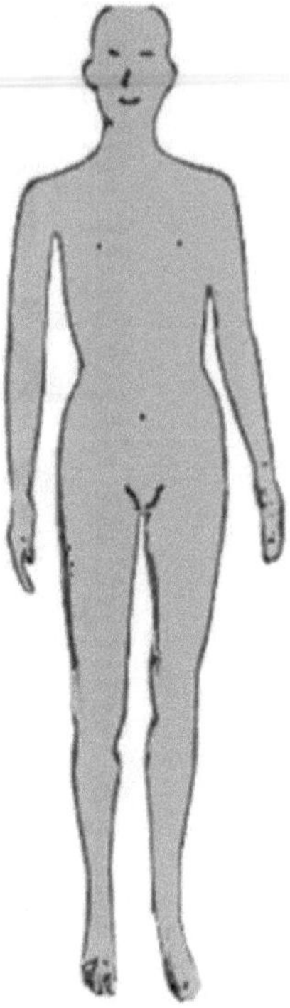

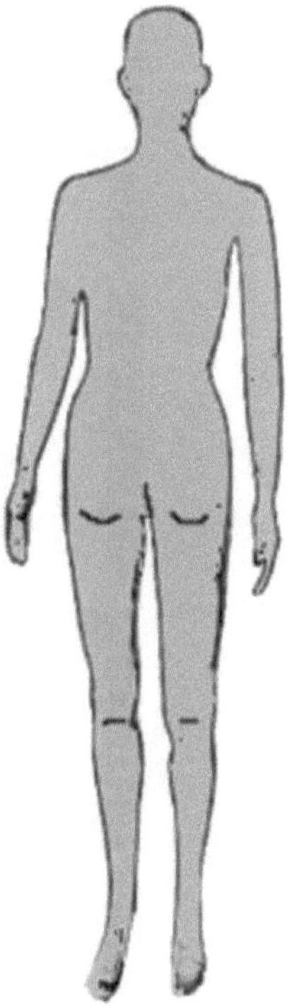

0 1 2 3 4 5 6 7 8 9 10

keine- leichte- mäßige- stärke- sehr stärke- stärkste- Schmerzen

Datum: **Uhrzeit und Schmerzdauer:** **Schmerzstärke:**

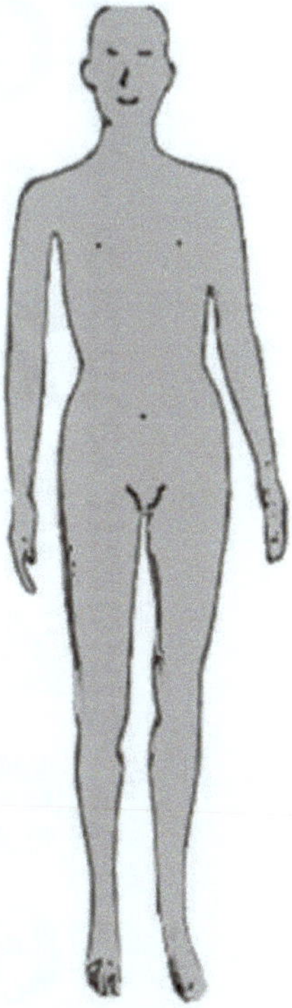

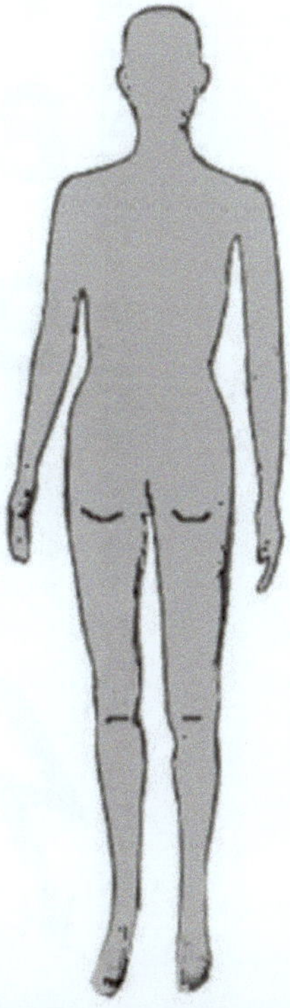

0 1 2 3 4 5 6 7 8 9 10

keine- leichte- mäßige- starke- sehr starke- stärkste- Schmerzen

Datum: **Uhrzeit und Schmerzdauer:** **Schmerzstärke:**

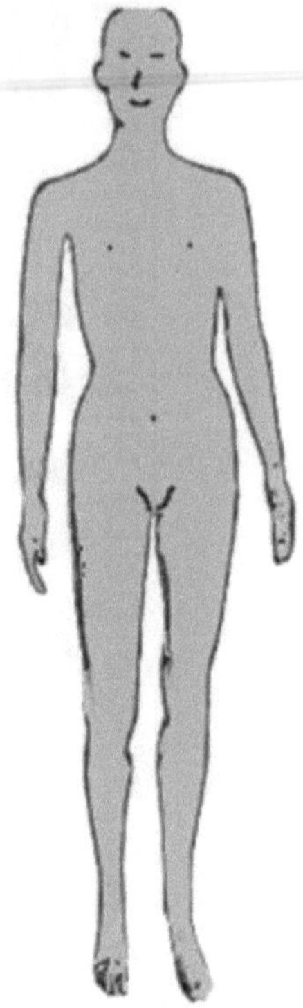

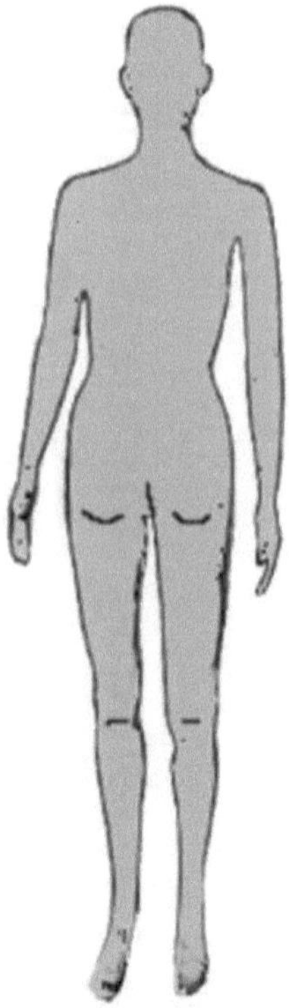

0 1 2 3 4 5 6 7 8 9 10

keine- leichte- mäßige- stärke- sehr stärke- stärkste- Schmerzen

Datum:	Uhrzeit und Schmerzdauer:	Schmerzstärke:

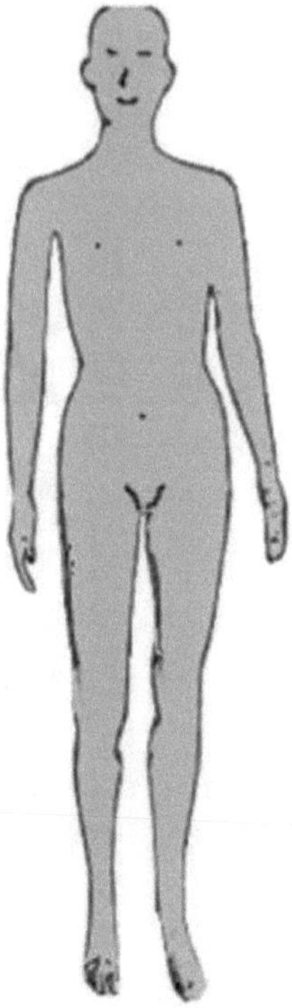

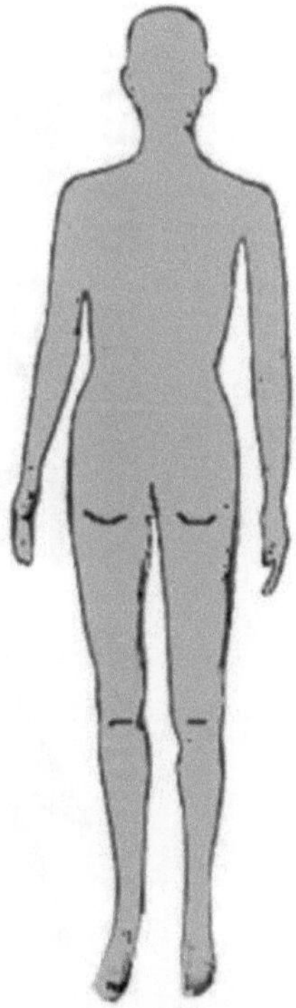

0 1 2 3 4 5 6 7 8 9 10

keine- leichte- mäßige- starke- sehr starke- stärkste- Schmerzen

Datum:	Uhrzeit und Schmerzdauer:	Schmerzstärke:

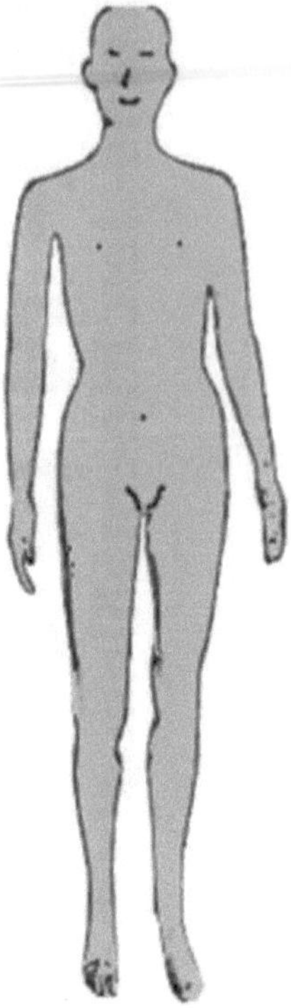

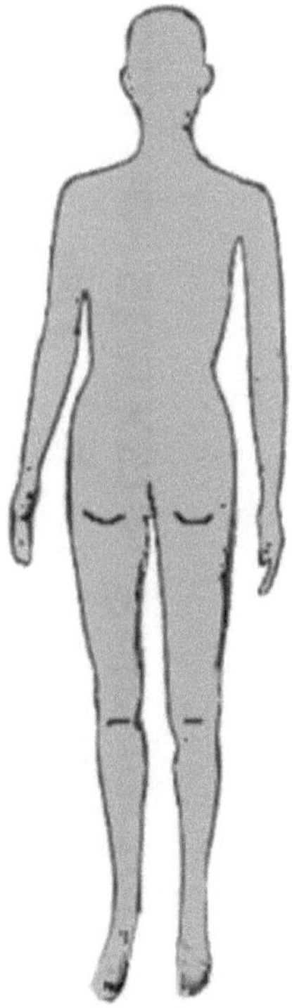

0 1 2 3 4 5 6 7 8 9 10

keine- leichte- mäßige- starke- sehr starke- stärkste- Schmerzen

Datum: **Uhrzeit und Schmerzdauer:** **Schmerzstärke:**

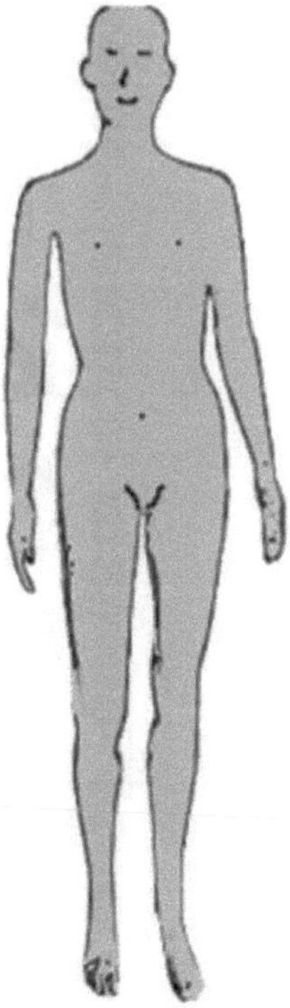

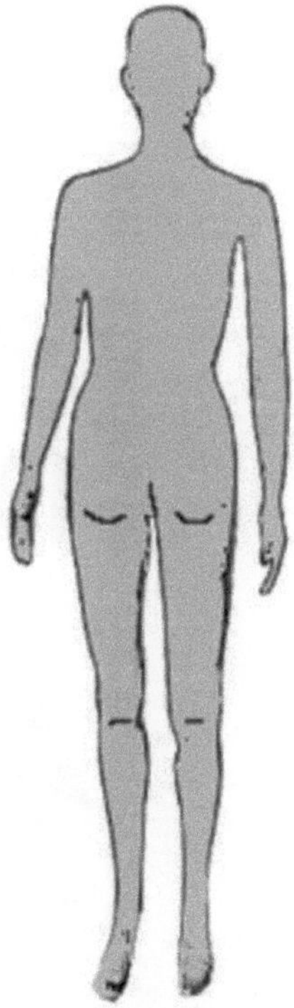

0 1 2 3 4 5 6 7 8 9 10

keine- leichte- mäßige- starke- sehr starke- stärkste- Schmerzen

Datum:	Uhrzeit und Schmerzdauer:	Schmerzstärke:

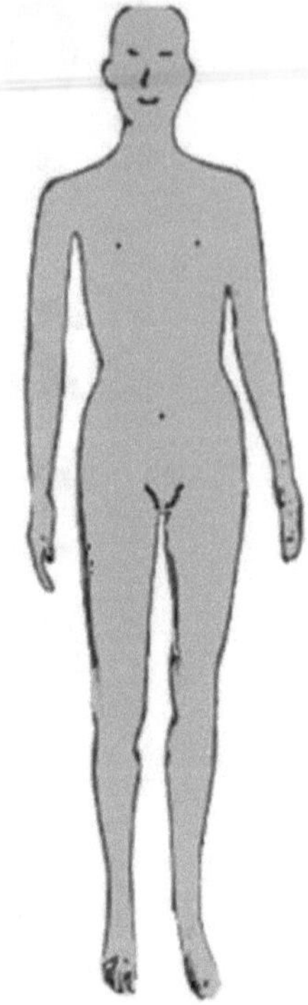

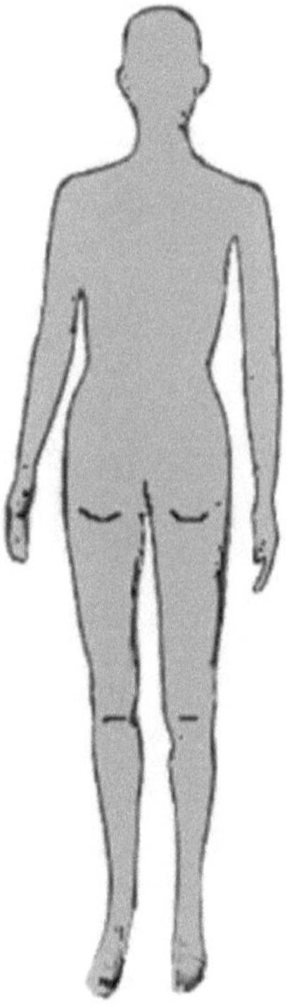

0 1 2 3 4 5 6 7 8 9 10

keine- leichte- mäßige- starke- sehr starke- stärkste- Schmerzen

Datum: | **Uhrzeit und Schmerzdauer:** | **Schmerzstärke:**

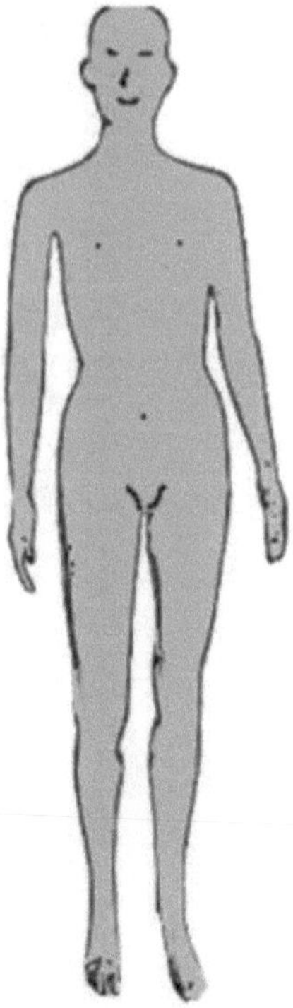

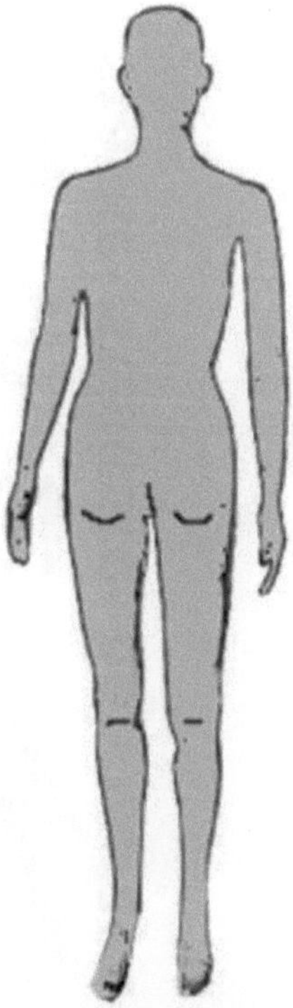

0 1 2 3 4 5 6 7 8 9 10

keine- leichte- mäßige- starke- sehr starke- stärkste- Schmerzen

Datum: **Uhrzeit und Schmerzdauer:** **Schmerzstärke:**

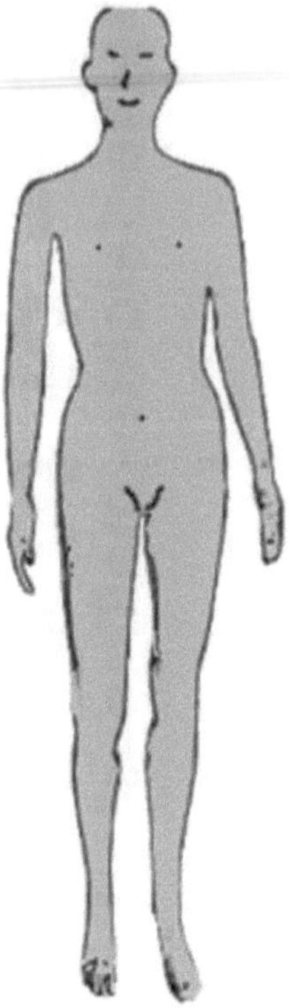

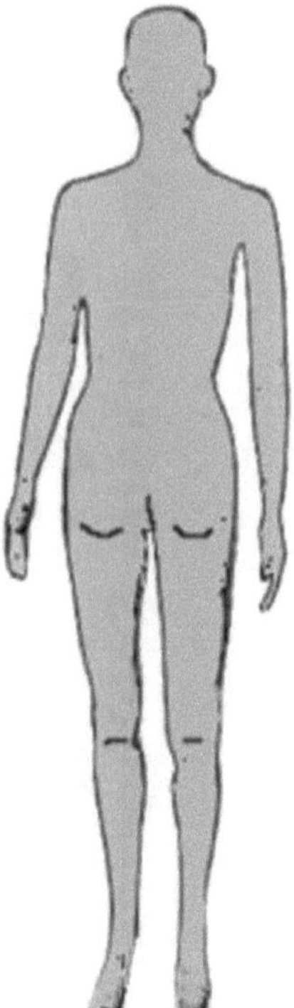

0 1 2 3 4 5 6 7 8 9 10

keine- leichte- mäßige- starke- sehr starke- stärkste- Schmerzen

Datum: **Uhrzeit und Schmerzdauer:** **Schmerzstärke:**

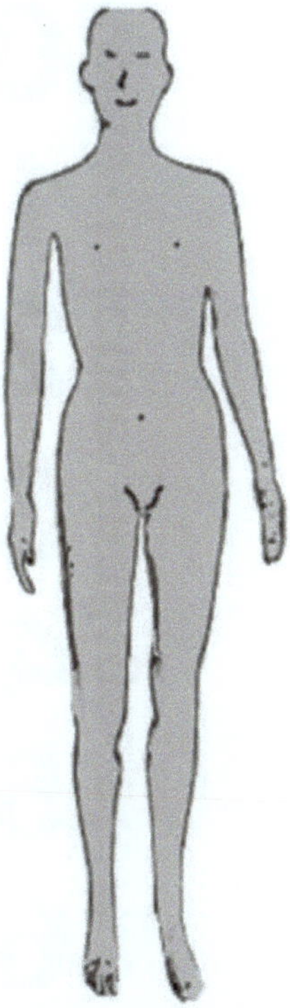

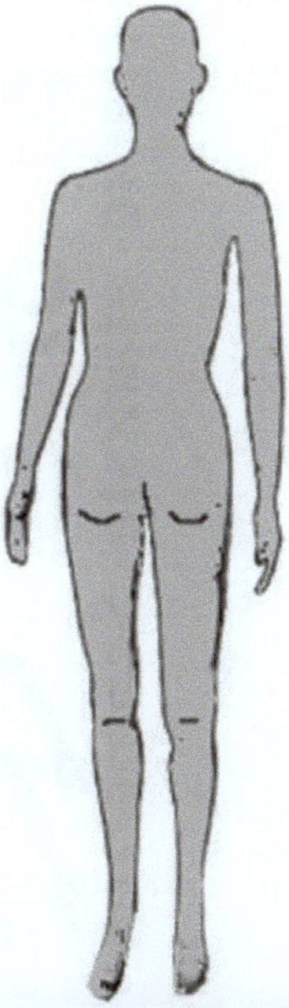

0 1 2 3 4 5 6 7 8 9 10

keine- leichte- mäßige- stärke- sehr stärke- stärkste- Schmerzen

Datum: **Uhrzeit und Schmerzdauer:** **Schmerzstärke:**

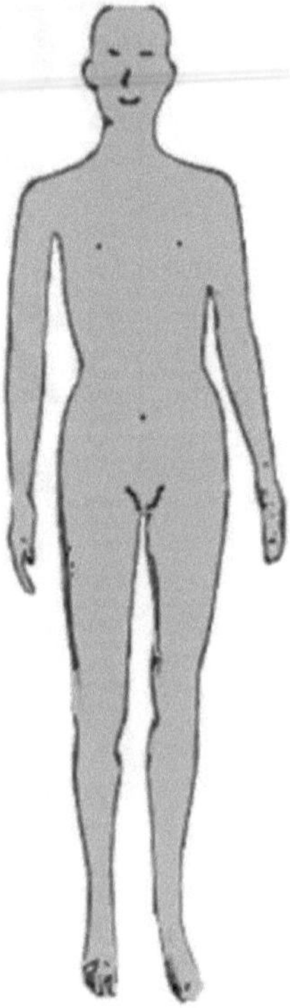

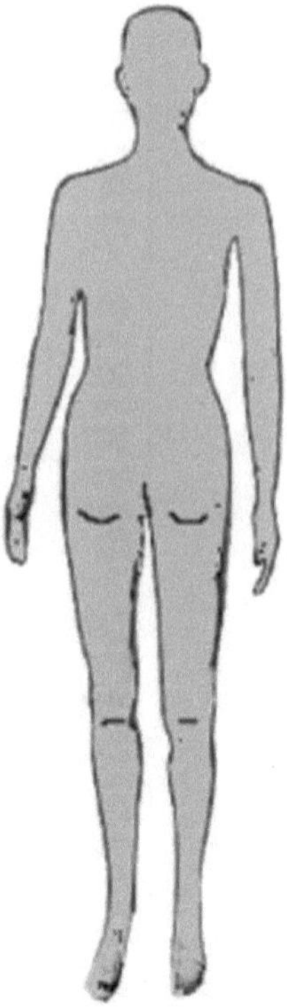

0 1 2 3 4 5 6 7 8 9 10

keine- leichte- mäßige- starke- sehr starke- stärkste- Schmerzen

Datum:	Uhrzeit und Schmerzdauer:	Schmerzstärke:

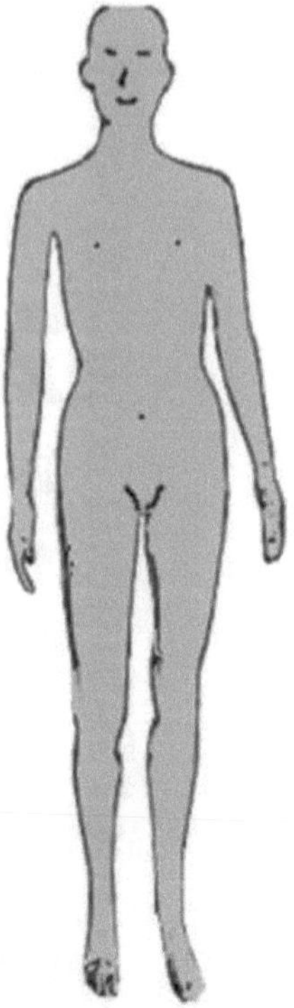

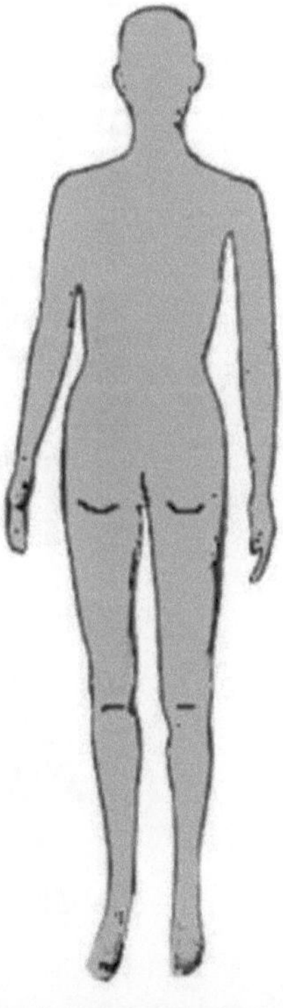

0 1 2 3 4 5 6 7 8 9 10

keine- leichte- mäßige- starke- sehr starke- stärkste- Schmerzen

Datum:	Uhrzeit und Schmerzdauer:	Schmerzstärke:

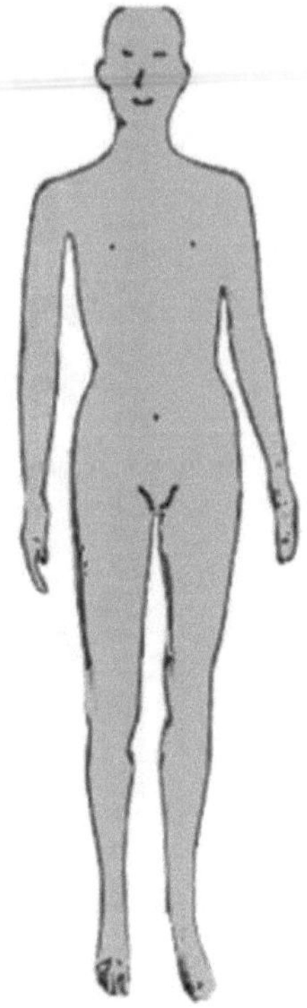

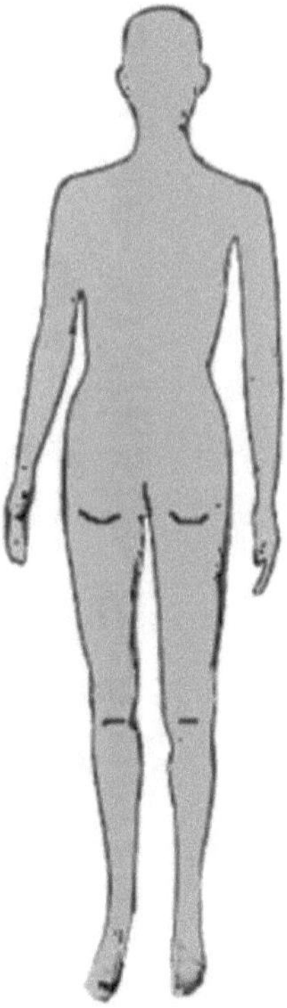

Schmerzstärke:

0 1 2 3 4 5 6 7 8 9 10

keine- leichte- mäßige- starke- sehr stärke- stärkste- Schmerzen

Datum: **Uhrzeit und Schmerzdauer:** **Schmerzstärke:**

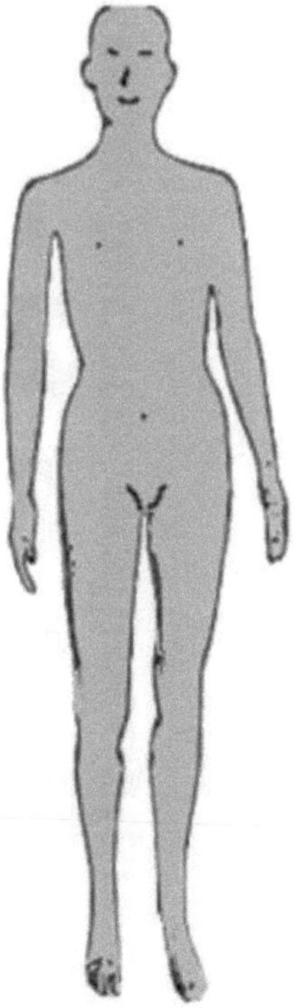

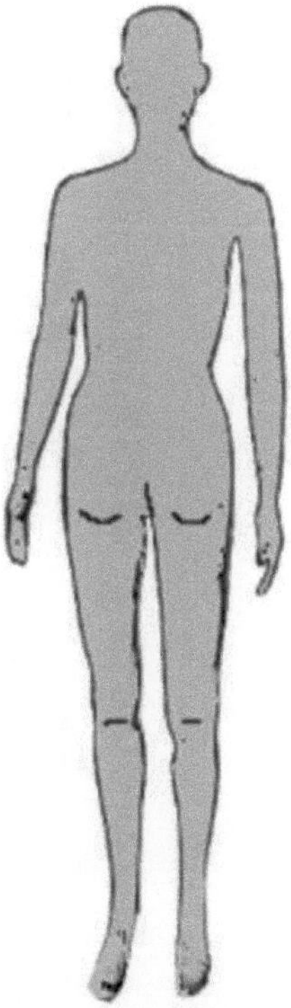

0 1 2 3 4 5 6 7 8 9 10

keine- leichte- mäßige- starke- sehr starke- stärkste- Schmerzen

Datum: **Uhrzeit und Schmerzdauer:** **Schmerzstärke:**

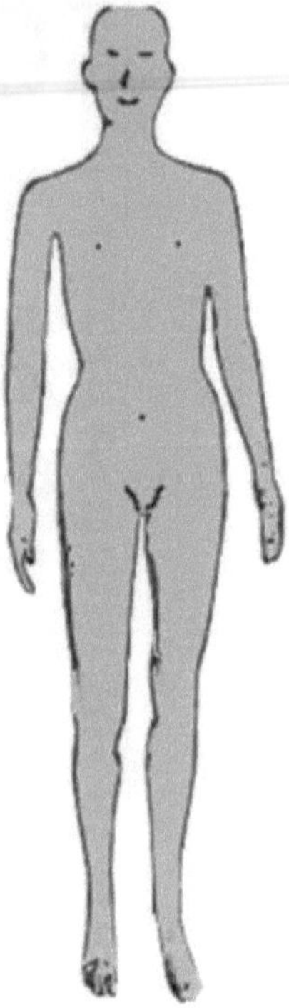

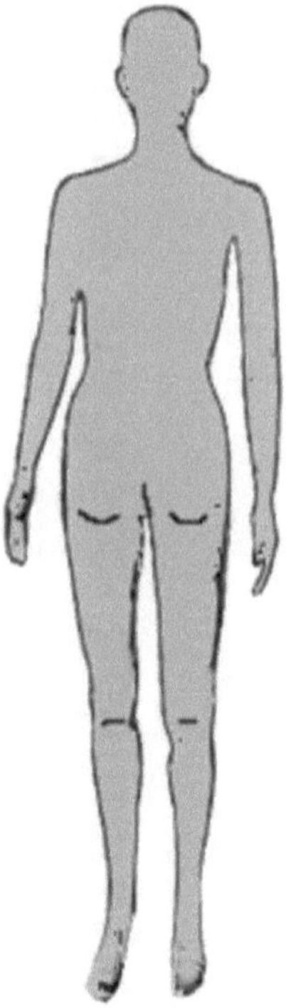

0 1 2 3 4 5 6 7 8 9 10

keine- leichte- mäßige- starke- sehr starke- stärkste- Schmerzen

Datum: **Uhrzeit und Schmerzdauer:** **Schmerzstärke:**

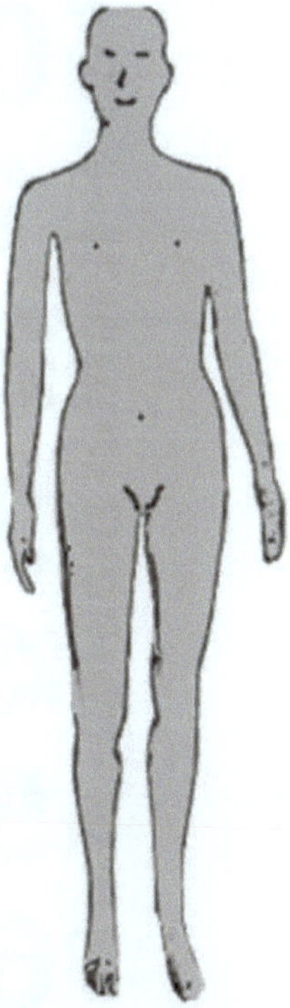

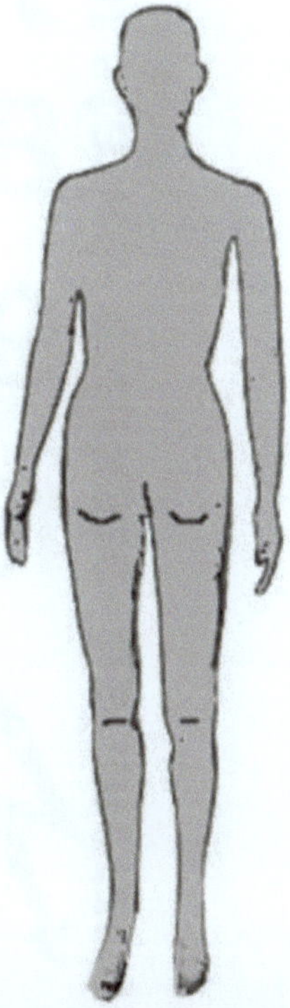

0 1 2 3 4 5 6 7 8 9 10

keine- leichte- mäßige- starke- sehr starke- stärkste- Schmerzen

Datum: **Uhrzeit und Schmerzdauer:** **Schmerzstärke:**

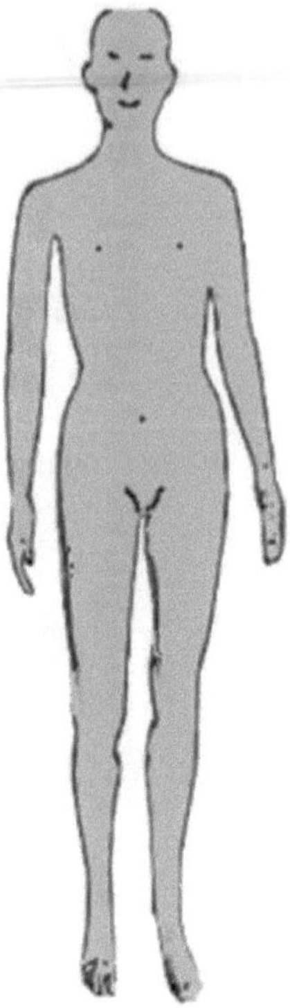

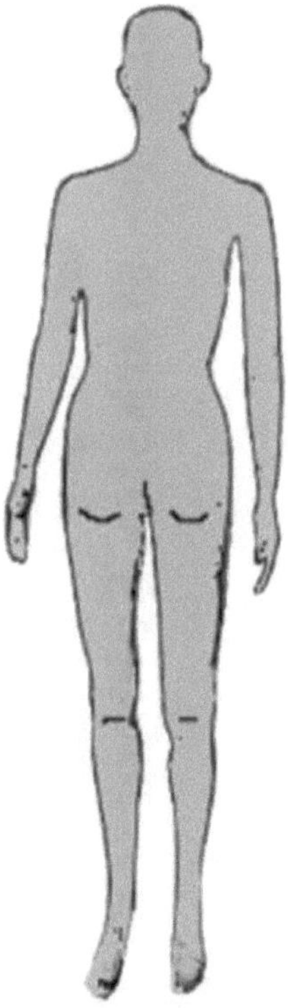

0 1 2 3 4 5 6 7 8 9 10

keine- leichte- mäßige- starke- sehr starke- stärkste- Schmerzen

Datum: **Uhrzeit und Schmerzdauer:** **Schmerzstärke:**

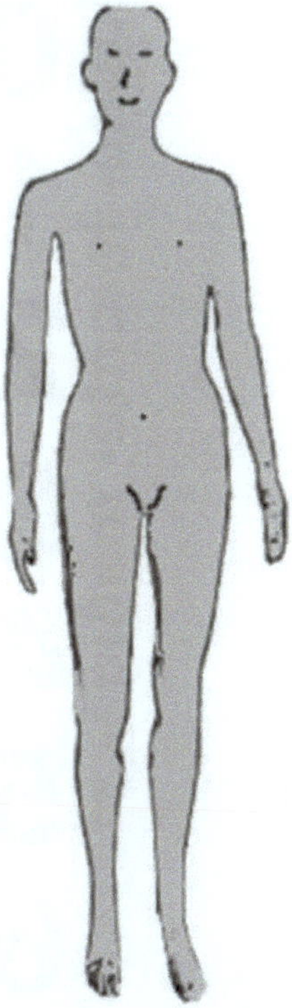

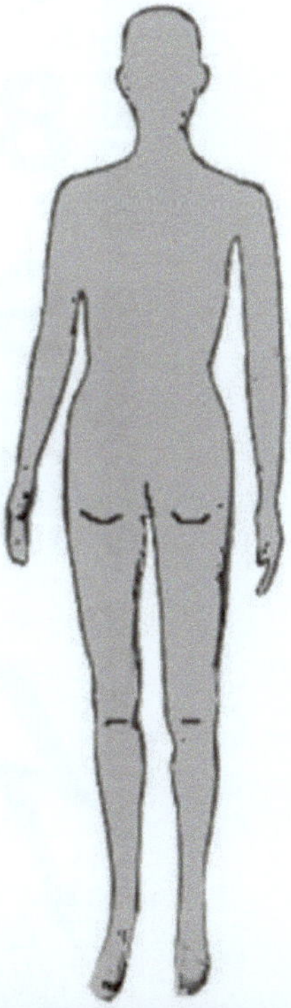

0 1 2 3 4 5 6 7 8 9 10

keine- leichte- mäßige- stärke- sehr stärke- stärkste- Schmerzen

Datum: **Uhrzeit und Schmerzdauer:** **Schmerzstärke:**

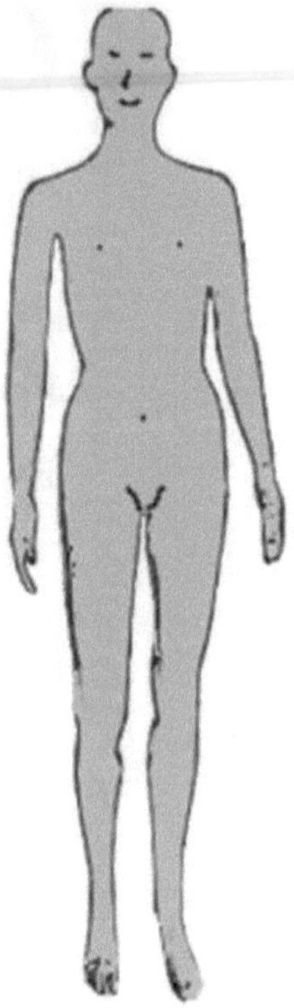

0
1
2
3
4
5
6
7
8
9
10

keine- leichte- mäßige- starke- sehr starke- stärkste- Schmerzen

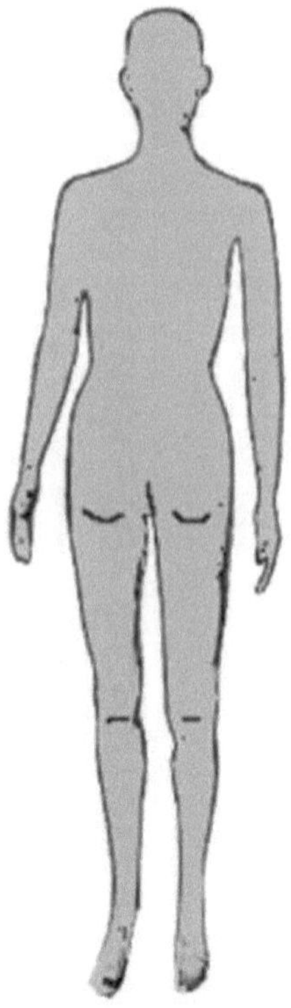

Datum: **Uhrzeit und Schmerzdauer:** **Schmerzstärke:**

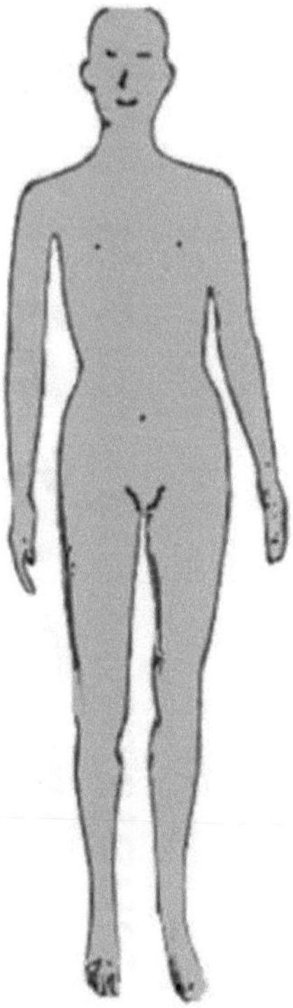

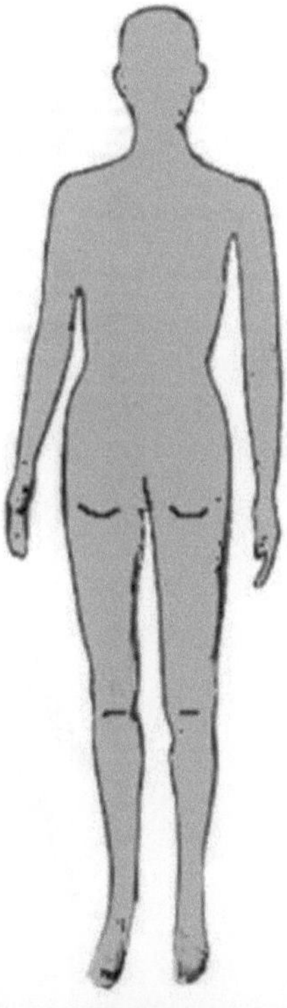

0 1 2 3 4 5 6 7 8 9 10

keine- leichte- mäßige- stärke- sehr stärke- stärkste- Schmerzen

Datum: Uhrzeit und Schmerzdauer: Schmerzstärke:

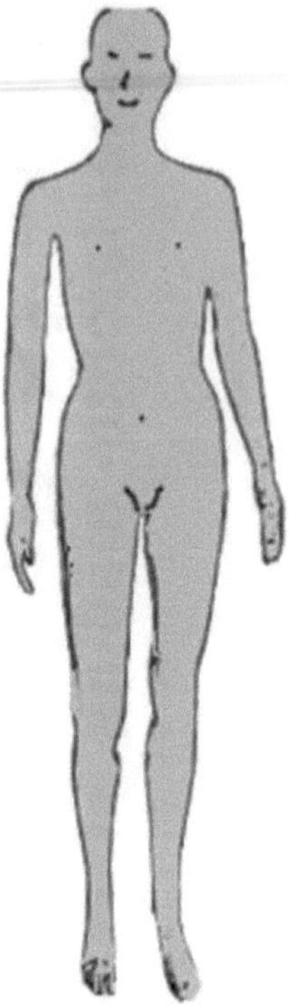

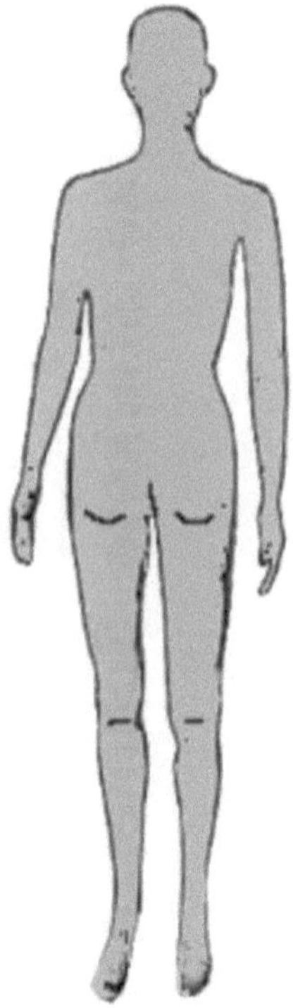

0 1 2 3 4 5 6 7 8 9 10

keine- leichte- mäßige- starke- sehr starke- stärkste- Schmerzen

Datum:	Uhrzeit und Schmerzdauer:	Schmerzstärke:

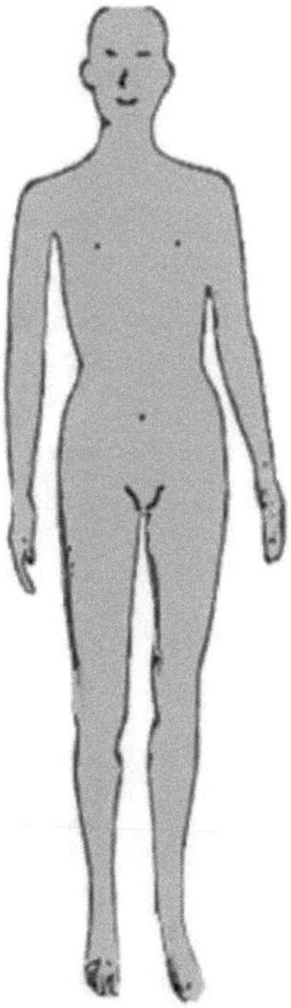

0 keine-
1
2 leichte-
3
4 mäßige-
5
6 starke-
7 sehr starke-
8
9 stärkste-
10 Schmerzen

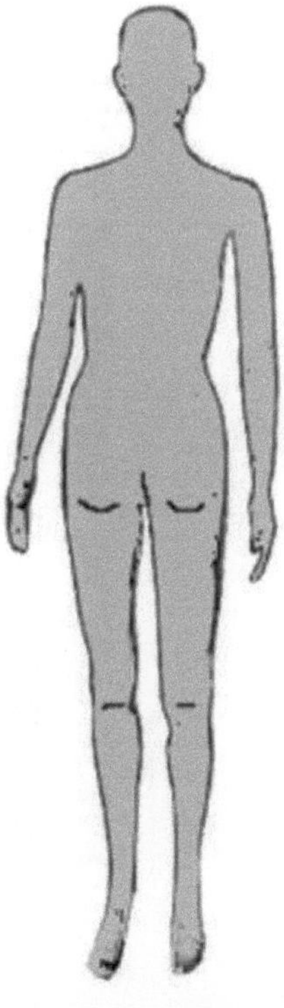

Datum Uhrzeit/Schmerzort/Medikamente

sonst. Beschwerden

Datum Uhrzeit/Schmerzort/Medikamente

sonst. Beschwerden

0 1 2 3 4 5 6 7 8 9 10

keine- leichte- mäßige- starke- sehr starke- stärkste- Schmerzen

Datum Uhrzeit/Schmerzort/Medikamente

sonst. Beschwerden

Datum Uhrzeit/Schmerzort/Medikamente

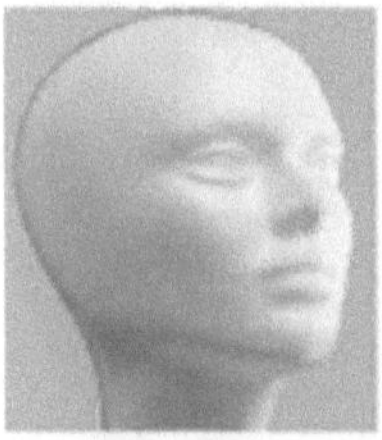

sonst. Beschwerden

0 1 2 3 4 5 6 7 8 9 10

keine- leichte- mäßige- starke- sehr starke- stärkste- Schmerzen

Datum Uhrzeit/Schmerzort/Medikamente

sonst. Beschwerden

Datum Uhrzeit/Schmerzort/Medikamente

sonst. Beschwerden

0 1 2 3 4 5 6 7 8 9 10

keine- leichte- mäßige- starke- sehr starke- stärkste- Schmerzen

Datum	Uhrzeit/Schmerzort/Medikamente

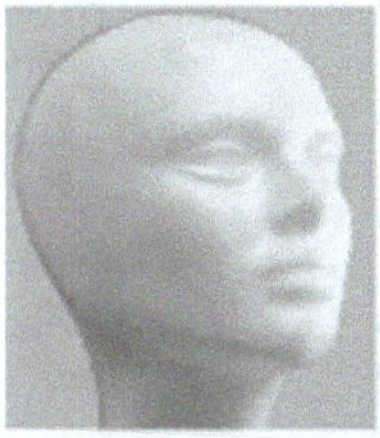

sonst. Beschwerden

Datum	Uhrzeit/Schmerzort/Medikamente

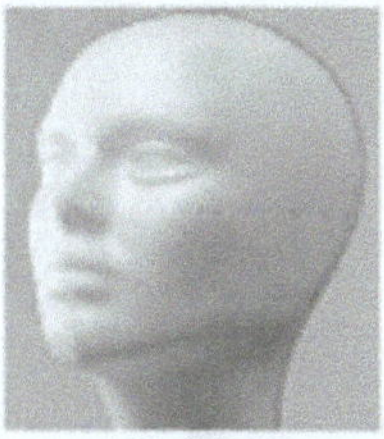

sonst. Beschwerden

0 1 2 3 4 5 6 7 8 9 10

keine- leichte- mäßige- starke- sehr starke- stärkste- Schmerzen

Datum **Uhrzeit/Schmerzort/Medikamente**

sonst. Beschwerden

Datum **Uhrzeit/Schmerzort/Medikamente**

sonst. Beschwerden

0 1 2 3 4 5 6 7 8 9 10

keine- leichte- mäßige- starke- sehr starke- stärkste- Schmerzen

Datum Uhrzeit/Schmerzort/Medikamente

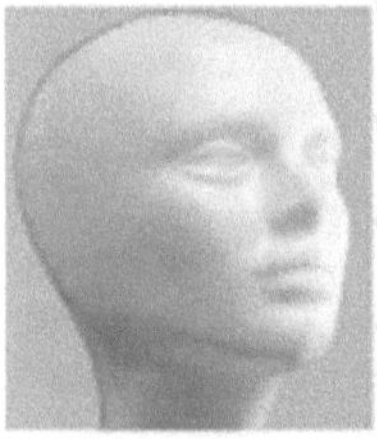

sonst. Beschwerden

Datum Uhrzeit/Schmerzort/Medikamente

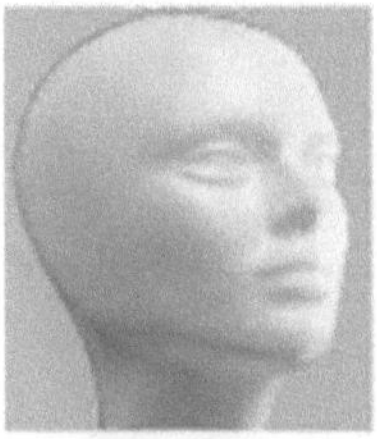

sonst. Beschwerden

0 1 2 3 4 5 6 7 8 9 10

keine- leichte- mäßige- starke- sehr starke- stärkste- Schmerzen

Datum	Uhrzeit/Schmerzort/Medikamente

sonst. Beschwerden

Datum	Uhrzeit/Schmerzort/Medikamente

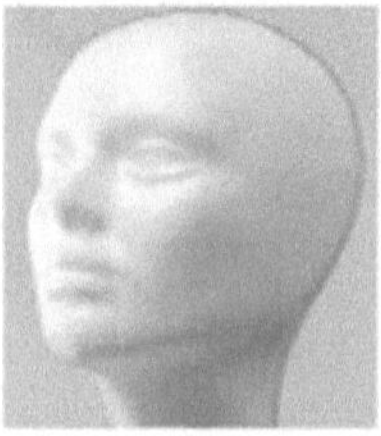

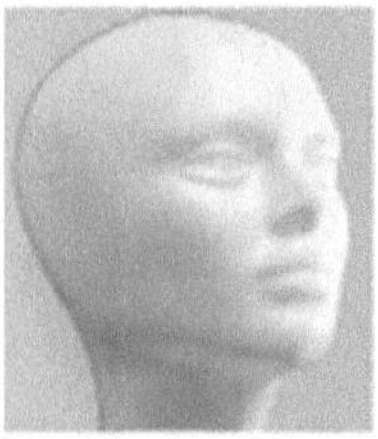

sonst. Beschwerden

0 1 2 3 4 5 6 7 8 9 10

keine- leichte- mäßige- starke- sehr starke- stärkste- Schmerzen

Datum Uhrzeit/Schmerzort/Medikamente

sonst. Beschwerden

Datum Uhrzeit/Schmerzort/Medikamente

sonst. Beschwerden

0 1 2 3 4 5 6 7 8 9 10

keine- leichte- mäßige- stärke- sehr stärke- stärkste- Schmerzen

Datum Uhrzeit/Schmerzort/Medikamente

sonst. Beschwerden

Datum Uhrzeit/Schmerzort/Medikamente

sonst. Beschwerden

0 1 2 3 4 5 6 7 8 9 10

keine- leichte- mäßige- starke- sehr starke- stärkste- Schmerzen

Datum	Uhrzeit/Schmerzort/Medikamente

sonst. Beschwerden

Datum	Uhrzeit/Schmerzort/Medikamente

sonst. Beschwerden

0 1 2 3 4 5 6 7 8 9 10

keine- leichte- mäßige- starke- sehr starke- stärkste- Schmerzen

Datum Uhrzeit/Schmerzort/Medikamente

sonst. Beschwerden

Datum Uhrzeit/Schmerzort/Medikamente

sonst. Beschwerden

0 1 2 3 4 5 6 7 8 9 10

keine- leichte- mäßige- starke- sehr starke- stärkste- Schmerzen

Datum	Uhrzeit/Schmerzort/Medikamente

sonst. Beschwerden

Datum	Uhrzeit/Schmerzort/Medikamente

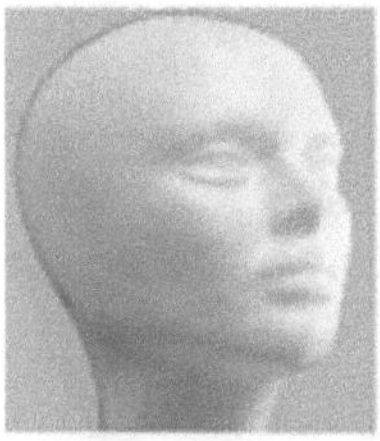

sonst. Beschwerden

0 1 2 3 4 5 6 7 8 9 10

keine- leichte- mäßige- starke- sehr starke- stärkste- Schmerzen

Datum Uhrzeit/Schmerzort/Medikamente

sonst. Beschwerden

Datum Uhrzeit/Schmerzort/Medikamente

sonst. Beschwerden

0 1 2 3 4 5 6 7 8 9 10

keine- leichte- mäßige- starke- sehr starke- stärkste- Schmerzen

Datum Uhrzeit/Schmerzort/Medikamente

sonst. Beschwerden

Datum Uhrzeit/Schmerzort/Medikamente

sonst. Beschwerden

0 1 2 3 4 5 6 7 8 9 10

keine- leichte- mäßige- starke- sehr starke- stärkste- Schmerzen

Datum Uhrzeit/Schmerzort/Medikamente

sonst. Beschwerden

Datum Uhrzeit/Schmerzort/Medikamente

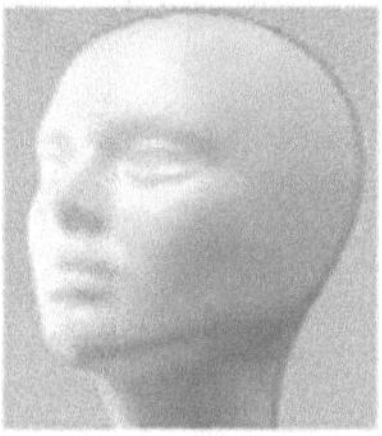

sonst. Beschwerden

0 1 2 3 4 5 6 7 8 9 10

keine- leichte- mäßige- starke- sehr starke- stärkste- Schmerzen

Datum Uhrzeit/Schmerzort/Medikamente

sonst. Beschwerden

Datum Uhrzeit/Schmerzort/Medikamente

sonst. Beschwerden

0 1 2 3 4 5 6 7 8 9 10

keine- leichte- mäßige- starke- sehr starke- stärkste- Schmerzen

Datum Uhrzeit/Schmerzort/Medikamente

sonst. Beschwerden

Datum Uhrzeit/Schmerzort/Medikamente

sonst. Beschwerden

keine- leichte- mäßige- starke- sehr starke- stärkste- Schmerzen

0 1 2 3 4 5 6 7 8 9 10

Datum **Uhrzeit/Schmerzort/Medikamente**

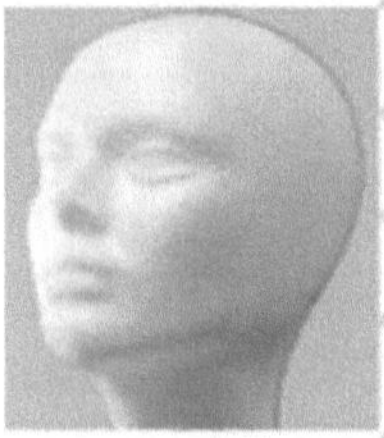

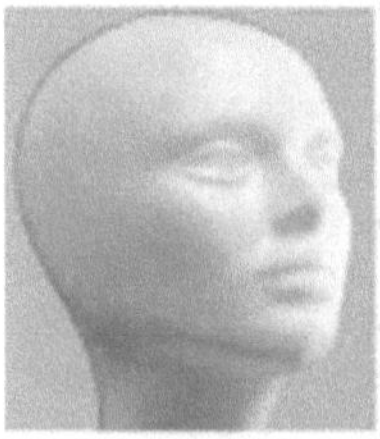

sonst. Beschwerden

Datum **Uhrzeit/Schmerzort/Medikamente**

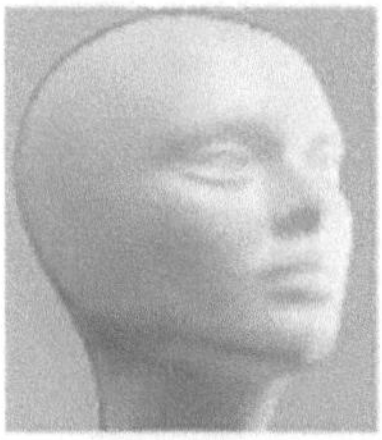

sonst. Beschwerden

0 1 2 3 4 5 6 7 8 9 10

keine- leichte- mäßige- starke- sehr starke- stärkste- Schmerzen

Datum	Uhrzeit/Schmerzort/Medikamente

sonst. Beschwerden

Datum	Uhrzeit/Schmerzort/Medikamente

sonst. Beschwerden

keine- leichte- mäßige- starke- sehr starke- stärkste- Schmerzen

0 1 2 3 4 5 6 7 8 9 10

Datum Uhrzeit/Schmerzort/Medikamente

sonst. Beschwerden

Datum Uhrzeit/Schmerzort/Medikamente

sonst. Beschwerden

0 1 2 3 4 5 6 7 8 9 10

keine- leichte- mäßige- starke- sehr starke- stärkste- Schmerzen

Datum Uhrzeit/Schmerzort/Medikamente

sonst. Beschwerden

Datum Uhrzeit/Schmerzort/Medikamente

sonst. Beschwerden

0 1 2 3 4 5 6 7 8 9 10

keine- leichte- mäßige- starke- sehr starke- stärkste- Schmerzen